Richard Webster – Die großen Erzengel: Raphael

Richard Webster

DIE GROSSEN ERZENGEL

RAPHAEL

Vom Wirken der Erzengel im Himmel und auf Erden

tb
AQUAMARIN

1. Auflage 2010

Aquamarin Verlag GmbH
Voglherd 1 • D-85567 Grafing
www.aquamarin-verlag.de

Titel der amerikanischen Originalausgabe:
Communicating with the Archangel
Raphael

Übersetzung aus dem Englischen: Astrid Ogbeiwi

Umschlaggestaltung: Annette Wagner

ISBN 978-3-89427-549-5

Druck: Bercker • Kevelaer

INHALT

Für meine guten Freunde
Ed und Bobbi Fowler

EINFÜHRUNG

„Raphael ist über die Geister der Menschen gesetzt."
Henoch

Obwohl ich eine kirchliche Schule besucht habe, lernte ich erst Mitte der sechziger Jahre, als ich der Theosophischen Gesellschaft beitrat, mehr über Engel. Ich hatte das Glück, dass Geoffrey Hodson (1886-1983) dort regelmäßig Vorträge hielt. Er ist Autor zahlreicher Bücher, von denen *Die Engel und die Entwicklung des Lebens* auch ins Deutsche übersetzt ist (Aquamarin 2004). Er war ein wunderbarer Redner, und ich genoss jeden seiner Vorträge.

Eines Abends sprach er über Raphael, und mit Staunen erfuhr ich von der Bedeutung, die diesem Erzengel beim Heilen zukommt. Mein Vater war Chirurg und hatte erst wenige Monate zuvor in unserer Kirche einen Gedenkgottesdienst zu Ehren von Lukas „dem geliebten Arzt" mitgestaltet. Zum regelmäßigen Kirchgang fehlte meinem Vater die Zeit, aber als Vorsitzender einer medizinischen Gesellschaft war er an diesem Gottesdienst beteiligt. Im Zuge der Vorbereitungen las mein Vater über Lukas nach und gab, was er dabei erfuhr, an die Familie weiter. Daher hielt ich Lukas für den Stammvater der Medizin und war nun überrascht, als Geoffrey Hodson mir sagte, dass Raphael auf dem Gebiet des Heilens viel wichtiger wäre, als Lukas es je gewesen sei.

Das weckte mein Interesse an Raphael, und ich beschäftigte mich lange und intensiv mit ihm, bis sich meine Neugier schließlich auch auf die anderen Erzengel ausweitete.

Bevor wir die Erzengel und insbesondere Raphael näher betrachten, sollten wir uns fragen: „Was sind Engel?“ Thomas von Aquin (1225-1274), oft als „doctor angelicus“ (der engelgleiche Lehrer) bezeichnet, definierte sie als „rein geistige, intellektuelle und körperlose Wesen mit ‘Substanzen’“.[1] Auch wenn Engel geistige Wesen sind, können sie, wenn nötig, doch mit der physischen Welt in Kontakt treten. So vermochte etwa der Engel des Herrn bei der Auferstehung Christi den schweren Stein beiseite zu wälzen, der dessen Grab verschloss (Matthäus 28, 2, Markus 16, 3-4). Engel sind außerdem übermenschlich. In der Offenbarung (7,1) sieht Johannes „vier Engel stehen an den vier Ecken der Erde, die hielten die vier Winde der Erde fest“. Engel besitzen Weisheit, Gefühl und freien Willen. Sie kennen den Unterschied zwischen Gut und Böse (2. Samuel 14, 17-20) und sehnen sich danach, Gottes Plan für die Menschheit zu verstehen (1. Petrus 1, 10-12). Sie freuen sich über jeden reuigen Sünder (Lukas 15, 10). Sie gehorchen dem Wort Gottes (Psalm 103, 20; Offenbarung 22, 8-9). Sie sind heilige Geistwesen, die Gott anbeten und ihm dienen. Ihre wichtigste Aufgabe ist es, Boten zu sein zwischen Gott und den Menschen.

Vor einigen Jahren sagte mir ein Bekannter, er glaube nicht an Engel, wünschte aber, er könnte es. Ich sagte ihm, er könne seinen Glauben in drei einfachen Schritten ändern. Leider interessierte ihn das überhaupt nicht, und ich vermute, er wünscht sich immer noch, er könnte an Engel glauben.

Wenn Sie auch gerne an Engel glauben würden, aber nicht ganz sicher sind, ob Sie sie akzeptieren können, müssen Sie Ihren Verstand an neue Denkweisen gewöhnen. Die drei Schritte sind: Gebet, Affirmation und Imagination. Beten Sie zuerst zu Gott und bitten Sie ihn um ein Erlebnis mit Engeln. Wenn Ihnen der Begriff

---

1 Thomas von Aquin, zitiert in Karl Barth, *Kirchliche Dogmatik*, 30 Bände plus Registerband, Tvz Theologischer Verlag 1986 (Zitat übersetzt nach der englischen Ausgabe bei T & T Clark, 1960, d. Ü.)

„Gott" nicht gefällt, dann beten Sie zur „Quelle allen Lebens" oder zu einer beliebigen Macht, die größer ist als Sie. Wenn Sie es eilig haben, können Sie auch gleich Raphael ansprechen, weil er sofort antwortet.

Auch wenn man es Ihnen als Kind so beigebracht haben mag, Sie brauchen zum Beten nicht neben dem Bett zu knien. Sie können Ihre Gebete jederzeit in Gedanken sprechen. Die besten Gebete sind die, die mit einfachen Worten und in vollem Glauben gesprochen werden. Denken Sie an Jesu Worte: „Alles, was ihr bittet in eurem Gebet, glaubt nur, dass ihr's empfangt, so wird's euch zuteil werden." (Markus 11, 24). „Und alles, was ihr bittet im Gebet, wenn ihr glaubt, so werdet ihr's empfangen." (Matthäus 21, 22).

Sagen Sie sich in einer freien Minute, dass Sie sich für die Existenz von Engeln öffnen. Affirmationen sind Sprüche, die Sie sich selbst immer wieder vorsagen, bis Ihr Verstand sie als Realität akzeptiert. Inzwischen empfinde ich Schlangestehen längst nicht mehr als so lästig, weil ich mir in dieser unausgefüllten Zeit Affirmationen vorsage. Ihre Affirmationen könnten etwa so lauten: „Ich ziehe Engel an." „Engel helfen und unterstützen mich ständig." „Mit Hilfe der Engel kann ich alles tun, was ich will." „Immer, wenn ich Hilfe benötige, rufe ich die Engel."

Stellen Sie sich am Abend, am besten wenn Sie im Bett liegen und auf den Schlaf warten, vor, dass Sie mit Engeln sprechen. So bereiten Sie sich innerlich auf eine Begegnung mit Engeln vor.

Im Laufe der Jahre habe ich erlebt, dass diese einfachen Techniken vielen Menschen geholfen haben. Aus unerfindlichen Gründen wirken sie offensichtlich am besten, wenn Sie alle drei Schritte anwenden. Tun Sie das so lange, bis sich Ihre Auffassung zu Engeln geändert hat. Diese Methode wirkt bei den unterschiedlichsten Problemen, die Menschen vom Kontakt mit Engeln abhalten. So begegnete ich einer Dame, die glaubte, dass die Engel zwar früher mit den Menschen gesprochen hätten, dies aber heute nicht mehr täten. Sie wandte diese Drei-Schritte-Methode an und erlebte schon bald danach ihre erste Kommunikation mit einem Engel. Ihr mangelnder Glaube hatte dies jahrelang verhindert.

Im Laufe der Jahre sind mir viele Menschen begegnet, die sagten, sie glaubten nicht an Engel. Und wahrscheinlich ebenso viele, die sagten, sie glaubten an sie. Zu den Argumenten derer, die nicht an Engel glauben, gehört, dass Engel Geist ohne Körper seien. Deshalb könne es sie nicht geben. Ein weiteres Argument lautet, Engel stammten aus der Zeit einer primitiven Religiosität, und moderne Menschen glaubten nicht mehr an so etwas. Hin und wieder bekomme ich auch die durchaus interessante Ansicht zu hören, dass es Engel nicht gebe, weil sie schlicht Teil der komplizierten religiösen Symbolik seien, die sich der menschliche Verstand ausgedacht habe. Menschen, die nicht an Gott oder eine höhere Macht glauben, können offensichtlich auch die Existenz von Engeln nicht akzeptieren.

Menschen hingegen, die an Engel glauben, vertreten eine vollkommen andere Ansicht. Viele glauben an Engel, weil sie sie entweder gesehen oder mit ihnen auf andere Weise kommuniziert haben. Andere glauben an Engel, weil die Bibel, der Koran und andere heilige Schriften sie ernst nehmen. Wieder andere sind der philosophischen Ansicht, dass Gott Boten braucht und Engel das logische Mittel dazu sind. Diesen Standpunkt vertrat auch Thomas von Aquin. Andere wiederum glauben schon seit jeher an Engel, ohne jemals ernsthaft über das Thema nachgedacht zu haben.

Im Laufe der Jahre hatte ich zahllose Gespräche mit Menschen über Engel und kam schließlich zu dem Schluss, dass der Glaube an sie eine persönliche Entscheidung ist, die entweder von einem inneren Wissen oder einer persönlichen Erfahrung herrührt. In meinem Fall war es ein persönliches Erlebnis, das ich in *Engel helfen, Unsichtbare Freunde auf dem Lebensweg*[2] beschrieben habe.

---

2 Richard Webster, *Engel helfen, Unsichtbare Freunde auf dem Lebensweg*, Silberschnur 2004.

Mit Mitte zwanzig machte ich eine schwierige Zeit durch, und mein Schutzengel kam mir zu Hilfe.

Engel sind Wesen aus reinem Geist. Thomas von Aquin (der Doctor angelicus) glaubte, Engel seien „ganz aus Intellekt" und deshalb ohne Materie. Meister Eckhart (1260 – ca. 1327) schrieb: „Das allein ist ein Engel: eine Idee Gottes." Der spanische Philosoph Moses Maimonides (1138-1204) hielt Engelserscheinungen für „figurative Expressionen". Der schwedische Naturwissenschaftler und Theologe Emanuel Swedenborg (1688-1772) war der Auffassung, wir könnten Engel nur mit unserer Seele oder unserem inneren Auge sehen. Je reineren Herzens wir sind, so glaubte er, desto eher würden wir Engel sehen.

William Booth (1829-1912), der Gründer der Heilsarmee, war ganz offensichtlich reinen Herzens. Er hatte eine Vision, in der er Engel in einem strahlenden Regenbogenlicht sah.

Jeder kann mit Engeln Kontakt aufnehmen und um Führung, Schutz und Inspiration bitten. Die Menschen erleben Engel ganz unterschiedlich. Manche können ihre Gegenwart spüren, andere hören sie, Viele kommunizieren mit ihnen im Traum und manche bekommen sie sogar zu sehen.

In diesem Buch lernen Sie, auf verschiedene Weise mit Engeln und besonders mit Raphael zu kommunizieren. Sie brauchen nicht erst auf eine Lebenskrise zu warten, um mit den Engeln Kontakt aufzunehmen. Die Engel möchten an Ihrem alltäglichen Leben Anteil nehmen und warten darauf, dass Sie sie zu sich einladen.

Engel werden meist als besonders schöne Menschen mit Flügeln dargestellt. Die Flügel dienen einem nützlichen Zweck, zeigen sie doch symbolisch, dass die Engel auf einer Ebene leben, die wir Sterblichen niemals erreichen können. Flügel stehen auch für die Tatsache, dass Engel mit Gedankengeschwindigkeit reisen können. Die Philosophen des Mittelalters glaubten nicht, dass Engel ihre Flügel zum Fliegen benutzten. Vielmehr stellten sie sich lediglich in Gedanken vor, wohin sie wollten, und wären augenblicklich dort. Im Alten Testament erscheinen Engel in Menschengestalt und offenbar flügellos. Engel können allerdings je nach Situation in jeder beliebigen Gestalt oder Form auftreten.

Engel überbringen uns Botschaften von Gott, aber sie nehmen auch Anteil an menschlichen Angelegenheiten, insbesondere als Tröster und Beschützer. Ihre Hauptaufgabe ist es, Gott zu loben und ihm zu dienen. Anders als Geistführer, die zuvor als Menschen gelebt haben, waren Engel nie menschlich. Es gibt allerdings einige Ausnahmen von dieser Regel. So heißt es, der Prophet Henoch sei in den Himmel aufgestiegen und dort zu Metatron, dem Obersten aller Engel, geworden. Manche glauben auch, dass Franz von Assisi nach seinem Erdenleben zum Engel wurde.

Engel sind immer bereit, uns zu helfen, wenn wir ihre Hilfe benötigen. Wir müssen sie nur darum bitten. Aber wir müssen auch selbst etwas tun. Wir können uns nicht einfach zurücklehnen und erwarten, dass die Engel uns die Arbeit abnehmen.

In schwierigen Zeiten erscheinen Engel auch ganz ohne Voranmeldung. John Greenleaf Whittier brachte dies sehr schön zum Ausdruck, als er schrieb:

„Mit Stille nur als ihrem Segen,
Gottes Engel kommen,
wenn Not und Pein im Herz sich regen
und Seele will verstummen.“

Der angelsächsische Theologe Beda Venerabilis (ca. 672 – 735) ist heute noch vor allem aufgrund seines Buches *Historia ecclesiastica gentis Anglorum* (Kirchengeschichte des englischen Volkes) bekannt. In diesem Buch erzählt er eine interessante Geschichte von einem Engel, der unangekündigt dem Dichter Caedmon (geb. unbekannt, gest. 670-680) zu Hilfe kam. Caedmon gilt als er erste altenglische christliche Dichter und seine Hymne an die Schöpfung als das herausragendste Gedicht seiner Zeit. Leider sind nur neun Zeilen davon überliefert. Anscheinend konnte Caedmon als junger Mann nicht singen, weshalb er ständig ausgelacht und verspottet wurde. In seinem Dorf war es üblich, dass jeden Abend ein anderer Gedichte vortrug und Lieder sang. Caedmon schlich sich heimlich davon und ging in den Hügeln umher, bis alle schliefen. Eines Abends, als er wieder einmal traurig in den Hügeln umherstreifte, erschien ihm ein Engel und befahl ihm zu singen. Zu seiner großen Überraschung stellte Caedmon fest, dass er eine schöne Stimme hatte und endlich singen konnte. Als neuer Mensch kehrte er in sein Dorf zurück. Außerdem verlieh ihm der Engel die Gabe, heilige Schriften in Versform in seine Volkssprache zu übersetzen. Caedmon war nur ein ungebildeter Hirte gewesen, aber nach dem Erlebnis mit dem Engel fasste er sich ein Herz und wurde schließlich sogar ein berühmter Dichter.[3]

Engel sind geschlechtslos. Weil die Engel alle zur selben Zeit geschaffen wurden und nicht sterben, brauchen sie sich auch nicht zu vermehren. Vielleicht empfinden Sie einen bestimmten Engel als weiblich, während jemand anderer denselben Engel als männlich wahrnimmt. Das kommt daher, dass Sie beide unterschiedliche Aspekte desselben Engels sehen. Bei Engeln sind die männlichen und weiblichen Energien vollkommen ausgeglichen, und sie haben Interessen, die ihnen wesentlich wichtiger sind als Sex. Geschlechtlichkeit hat für sie keinerlei Bedeutung.

Sie können jeden Engel jederzeit anrufen. Ich kenne viele Menschen, die sich das nur schwer vorstellen können und behaupten, sie seien zu unbedeutend, als dass ihretwegen ein Engel bemüht werden müsse. Aber dem ist ganz und gar nicht so. Sie sind ein spirituelles Wesen, und Ihre Seele hat sich auf eine mystische Reise begeben, die Sie schließlich Ihrer kosmischen Bestimmung entgegenbringen

3 Harvey Humann, *The Many Faces of Angels*, De Vorss & Company, 1986.

wird. Wer Sie auch sind, Sie sind Gott wichtig und sollten nicht zögern, um Hilfe zu bitten, wenn Sie der Hilfe bedürfen.

Sie haben sogar bereits einen persönlichen Engel, der schon immer bei Ihnen war. Es ist Ihr Schutzengel. Ihr Schutzengel kennt Sie besser, als Sie sich selber kennen und ist einzig und allein dazu da, Sie zu behüten, zu leiten und mit seinem Rat zu begleiten. Dennoch mischt sich der Schutzengel gewöhnlich erst dann in unser Handeln ein, wenn wir um seine Hilfe bitten. Dies deshalb, weil die diversen kleinen Katastrophen oft genau das sind, was uns in unserer Entwicklung weiterbringt. Nehmen Sie in weniger bedeutenden, alltäglichen Dingen zuerst Kontakt zu Ihrem Schutzengel auf.

Wie wir alle wissen, besteht das Leben aber nicht nur aus kleineren Problemchen. Auf unserem Lebensweg begegnen uns immer wieder Schwierigkeiten, und manchmal ist es besser, bei einem großen Problem einen bestimmten Engel oder Erzengel anzurufen.

Erzengel sind viel mächtiger als andere Engel. Wenn sie einem Menschen erscheinen, lauten ihre ersten Worte gewöhnlich: „Fürchte dich nicht." Dies deshalb, weil ihr Anblick, besonders wenn sie völlig unerwartet erscheinen, Angst und Ehrfurcht auslöst. Auch Schwingung und Energie der Erzengel sind intensiv. Daniel wurde ohnmächtig, als ihm zum ersten Mal der Erzengel Gabriel erschien (Daniel 8). Deshalb dämpfen die Erzengel ihre Schwingung oft etwas ab, bevor sie sich sichtbar machen. Häufig erscheinen Sie auch in Menschengestalt, und man erkennt erst später, wer sie wirklich waren.

Zumeist befasst sich Raphael in einem universellen Rahmen mit seiner Heilungsaufgabe. Doch trotz seiner großen Bedeutung ist er stets bereit, uns zu helfen, wenn wir ihn brauchen. Wenn es bei Ihren Problemen um Ehrlichkeit, Kreativität, Bildung und Erziehung, Heilen, Reisen oder um die Gemeinschaft geht, sollten Sie Raphael um Rat und Hilfe anrufen. Wie man das macht, zeigt Ihnen dieses Buch.

1

WER IST RAPHAEL?

„Raphael hat die Aufgabe, die Erde zu heilen, und durch ihn … bereitet die Erde eine Wohnstatt dem Menschen, den er ebenso heilt."

Der Sohar

Die Vorstellung von einem persönlichen Schutzengel war schon weit verbreitet, bevor Hermas um das Jahr 150 n. Chr., seine Erlebnisse mit seinem „Engel-Hirten" niederschrieb. Seine Schrift heißt *Der Hirt des Hermas*. Wir haben alle einen persönlichen Schutzengel. Aber auch die Menschheit als Ganzes hat einen Schutzengel: Raphael. Die ersten Christen glaubten, dass es Raphael war, der den Hirten in der Nacht erschien und sprach: „Fürchtet euch nicht! Siehe, ich verkündige euch große Freude, die allem Volk widerfahren wird." (Lukas 2, 10)[4]

Raphael ist bekanntlich der „göttliche Arzt". Das überrascht nicht, bedeutet doch der Name Raphael „Gott heilt", und Raphael wird seit jeher mit der Heilung körperlicher, emotionaler und spiritueller Leiden in Verbindung gebracht. Viele Legenden ranken sich um seine Fähigkeit zu heilen. So heißt es zum Beispiel, dass er Abraham nach der Beschneidung geheilt habe. Außerdem kurierte er Jakobs

4 Anna Jameson, *Sacred and Legendary Art*, Band 1, Houghton Mifflin and Company, 1895.

ausgekugelte Hüfte nach dessen Kampf mit einem finsteren Gegner bei Peniel.[5]

In Henoch II, 40 heißt es, Raphael sei von den vier Gesichtern „der zweite, der über alle Krankheiten und über alle Wunden der Menschenkinder gesetzt ist“ und Raphael selbst beantwortet die Frage, wer er sei, im apokryphen Buch Tobias (12, 15): „Denn ich bin Raphael, einer von den sieben Engeln, die vor dem Herrn stehen.“

RAPHAEL UND TOBIAS

Die Geschichte des Tobias ist faszinierend. Er war ein guter, aufrechter, ehrlicher und frommer Mann, der anderen half, so gut er nur konnte. Er hatte eine Frau namens Hanna und einen Sohn, den er ebenfalls Tobias nannte. Viele Jahre lang lebte die Familie in Wohlstand. Weil aber Tobias seinem Glauben treu blieb, wurde er mit dem Tode bedroht, und sein gesamter Besitz wurde ihm entzogen. Viele Juden wurden in Ninive gefangengehalten, und König Sanherib erlaubte ihnen nicht, ihre Toten zu bestatten. Tobias jedoch und einige andere tapfere Seelen widersetzten sich dem König und beerdigten heimlich die Verstorbenen.

Eines Abends, Tobias war etwa fünfzig Jahre alt und gerade dabei, sich zum Essen niederzusetzen, erfuhr er von einem weiteren Toten, der bestattet werden musste. Er ging sofort und erfüllte seine Pflicht. Da er jedoch durch die Berührung mit dem Toten unrein geworden war, kehrte er nicht in sein Haus zurück, sondern schlief im Freien neben einer Mauer in seinem Hof. Leider ließ er dabei sein Gesicht unbedeckt. So fielen im Laufe der Nacht die Hinterlassenschaften der Spatzen, die auf der Mauer schliefen, auf seine Augen, und als er erwachte, war er vollständig blind. Keiner konnte ihn heilen, und

---

5 Louis Ginzberg, *The Legends of the Jews*, Band I, The Jewish Publication Society of America, 1954

weil er nicht mehr arbeiten konnte, musste Hanna Geld verdienen, um die Familie zu ernähren. Tobias schämte sich dessen.

Er wurde depressiv und sandte nach acht Jahren schließlich ein Gebet zum Himmel, in dem er um den Tod bat. Im selben Augenblick kam auch ein anderes, ähnliches Gebet im Himmel an. Es war von Sarah, der Tochter Raguels. Alle ihre sieben Ehemänner waren vom Dämon Asmodi getötet worden, bevor auch nur eine ihrer Ehen vollzogen werden konnte.[6] Gott sandte Raphael aus, die Gebete von Tobias und Sarah zu erhören.

Während Tobias auf den Tod wartete, ordnete er seine Angelegenheiten. Seinem einzigen Sohn Tobias trug er auf, nach Medien zu reisen, um dort Geld einzutreiben, das ihm sein Geschäftspartner Gabael noch schuldete. Er bat Tobias, sich zu seiner Sicherheit einen Begleiter zu suchen und sagte, er werde den Mann für seine Zeit und seinen Aufwand entlohnen. Es dauerte eine gewisse Zeit, bis Tobias jemanden gefunden hatte, der mit ihm nach Medien reisen wollte. Der Mann war Asarja, der von sich sagte, er sei ein entfernter Verwandter des Tobias. Tatsächlich war Asarja Raphael in Menschengestalt, aber Tobias wusste nichts davon. Ohne die geringste Ahnung, wer Asarja wirklich war, verabschiedete Tobias seinen Sohn mit den Worten: „Gott sei mit euch auf dem Wege, und sein Engel geleite euch!“ (Tobias 5, 23)

Tobias und Asarja machten sich auf nach Medien. Am ersten Abend lagerten sie am Fluss Tigris. Als Tobias sich im Fluss wusch, tauchte ein riesiger Fisch auf und wollte Tobias mit Haut und Haar verschlingen. Raphael hieß ihn den Fisch fangen, was Tobias auch gelang. Als der Fisch sicher am Ufer lag, bat er Tobias, Herz, Leber und Galle des Fisches herauszuschneiden. Den Rest des Fisches kochten und aßen sie in jener Nacht.

6 Asmodi wird im Buch Tobias (3,8) als böser Geist beschrieben. Er gilt als der Dämon der Lust und damit als einer der gefährlichsten Dämonen. Es heißt, er habe Noah betrunken gemacht und Musik, Tanz und Träume erfunden. Heute ist er Herr über das Glücksspiel in der Hölle. (Gustav Davidson, *A Dictionary of Angels*,)

Tobias wollte wissen, warum Asarja Herz, Leber und Galle des Fisches aufbewahrt hatte. Asarja sagte, dass eine Räucherung aus Herz und Leber böse Geister vertriebe, die Galle hingegen das Augenlicht eines Mannes mit einem weißen Film vor den Augen wiederherstelle.

Das Paar setzte seine Reise fort. Als sie nach Medien kamen, sagte Asarja zu Tobias, sie sollten im Haus des Raguel wohnen und er solle Sarah, Raguels Tochter, heiraten. Verständlicherweise war Tobias äußerst beunruhigt, als er erfuhr, dass alle sieben früheren Ehemänner der Sarah in der Hochzeitsnacht gestorben waren. Asarja aber versicherte ihm, dass alles gut gehen werde. Er brauche nur etwas vom Herz und von der Leber des Fisches auf die Räucherschale zu legen und zu räuchern. Der Dämon würde aus Sarah ausfahren, sobald er den Rauch röche und nie mehr wiederkehren.

Alles verlief nach Plan. Der Dämon Asmodi floh „in die Wüste Oberägyptens“, sobald er den Rauch roch, und Raphael band ihn fest. Als Tobias und Sarah am nächsten Morgen aus dem Brautgemach traten, waren alle froh. Am meisten aber freute sich Sarahs Vater Raguel, der während der Nacht aufgestanden war und ein Grab für Tobias ausgehoben hatte.

Die Hochzeitsfeiern dauerten vierzehn Tage, danach kehrte Tobias mit seiner Braut Sarah und Asarja nach Ninive zurück. Tobias' Mutter Hannah bat ihn, die Augen seines Vaters mit der Galle des Fisches zu salben. Davon brannten Tobias' Augen. Er rieb sie; der weiße Belag fiel ab, und sein Augenlicht war auf wunderbare Weise wiederhergestellt. Die Familie war außer sich vor Freude und bot Asarja die Hälfte des Geldes an, das sie aus Medien mitgebracht hatten.

Da sagte Asarja ihnen, dass er in Wirklichkeit Raphael war. Tobias und sein Sohn fielen vor Furcht zu Boden, aber Raphael sagte ihnen, sie sollten sich nicht fürchten. Er sagte, er habe das Gebet des Tobias direkt zu Gott getragen. Er wies die Männer an, ein gutes, rechtschaffenes Leben zu führen, Gott zu loben und niederzuschreiben, was geschehen war. Tobias wurde einhundertachtundfünfzig Jahre alt. Tobias und Sarah erlebten eine lange und glückliche Ehe und hatten sechs Söhne.

Es überrascht nicht, dass die Geschichte von Tobias und seinem Sohn bis heute so bekannt und beliebt ist. Sagt sie uns doch, dass wir nie alleine sind, sondern immer in Begleitung eines Engels, der heilend wirkt, damit wir unsere besten Seiten zur vollen Entfaltung bringen können. Die Geschichte macht uns außerdem Mut, Risiken einzugehen und nimmt uns die Angst vor dem Versagen.

DAS BUCH HENOCH

Im Buch Henoch tritt Raphael an mehreren Stellen auf. Im Kapitel 9, Vers 1 blicken Michael, Uriel, Raphael und Gabriel vom Himmel zur Erde und sehen, dass sie voller Gottlosigkeit und Unrecht ist. In Vers 5 heißt es: „Raphael heißt ein zweiter der heiligen Engel, der über die Geister der Menschen gesetzt ist."

Die Erzengel waren in Sorge über das Verhalten der Wächter, die im Ersten Teil des Buches Henoch ein tragende Rolle spielen. Die Wächter waren Engel, denen nach Menschenfrauen gelüstete. Die Nachkommen ihrer Vereinigung waren eine Rasse von Riesen, die sogenannten Nephilim. Die Wächter werden in der Bibel als „die Söhne Gottes" bezeichnet (Hiob 1, 6). Ihre Anführer waren Semjasa und Asasel. Die Wächter brachten den Menschen Krieg, Kosmetik, Schmuck, Magie, Zaubersprüche und Astrologie und beendeten damit endgültig das Zeitalter der Unschuld.

Wie nicht anders zu erwarten, befahl Gott den rechtschaffenen Engeln, die Wächter zu bestrafen. „Zu Raphael sprach der Herr: „Fessle den Asasel an Händen und Füßen und wirf ihn in die Finsternis; mache in der Wüste in Dudael ein Loch und wirf ihn hinein. Lege unter ihn scharfe und spitze Steine und bedecke ihn mit Finsternis. Er soll für ewig dort wohnen, und bedecke sein Angesicht mit Finsternis, damit er kein Licht schaue." (Henoch 10, 4-5) Michael nahm Semjasa und die anderen gefangen, und sie wurden siebzig Generationen lang unter der Erde festgehalten. Gabriel sorgte dafür, dass die Nephilim sich so lange gegenseitig bekämpften, bis keiner von ihnen mehr übrig war.

Henoch schaute dieses ganze Geschehen und betete zu Gott, dass den Wächtern vergeben werde. Gott jedoch verfügte, dass die Strafe unaufhebbar sei. Danach nahmen die Erzengel Henoch mit auf eine Reise durch alle sieben Himmel.

RAPHAEL UND NOAH

Raphael wird auch das Verdienst zugeschrieben, Noah mit allem Wissen versorgt zu haben, das dieser zum Bau der Arche benötigte. Der jüdischen Legende nach gab Raphael Noah außerdem ein medizinisches Buch, als die Flut wieder abgelaufen war. Es heißt, dies sei das *Sefer Raziel* gewesen, das *Buch des Engels Raziel*.[7] Es ist zu weiten Teilen eine Sammlung von Zaubersprüchen, die Raziel dem Adam gegeben haben soll. Leider verschwand das Buch und galt als verloren, bis Raphael es Noah überreichte.

RAPHAEL UND SALOMO

Raphael half obendrein Salomo beim Bau des Großen Tempels. Offensichtlich steckte Salomo in Schwierigkeiten und betete zu Gott um Hilfe. Gott gab Raphael einen besonderen Ring, den dieser wiederum Salomo geben sollte. Das Siegel auf diesem magischen Ring war ein Pentagramm, auch heute noch eines der wichtigsten Werkzeuge in der zeremoniellen Magie. Deshalb gilt Raphael vie-

7 *Das Buch des Engels Raziel* wurde im Mittelalter geschrieben. Man nimmt an, dass entweder Issak der Blinde oder El'azar von Worms der Verfasser ist.

len als der Engel der magischen Werkzeuge und der Wunder, die sich damit bewirken lassen. Das Pentagramm ist eines der ältesten medizinischen Symbole – und zwar wahrscheinlich wegen seiner Verbindung zu Raphael.[8] Der Ring verlieh Salomo Befehlsgewalt über Tausende von Dämonen, die ihm als Arbeiter helfen mussten, den Tempel zu vollenden.

Viele alte religiöse Schriften des Judentums haben die Jahrtausende überdauert. In ihrer Gesamtheit nennt man sie die Pseudepigraphen. Oft werden solche Schriften einer berühmten historischen Persönlichkeit zugeschrieben. Ein Beispiel dafür sind die Henoch-Bücher. Ein weiteres ist das *Testament des Salomo*, das in den ersten dreihundert Jahren christlicher Zeitrechnung verfasst wurde.

Dieses Buch erzählt, dass ein Dämon namens Ornias am Daumen eines kleinen Jungen nuckelte, wodurch dieser an Gewicht und Kraft verlor. Salomo betete um Hilfe, und Michael brachte ihm einen Ring, mit dem er alle Dämonen gefangennehmen konnte. Anscheinend war dies ein anderer Ring als der Pentagramm-Ring, den Raphael Salomo gegeben hatte. Mit diesem Ring fing Salomo Ornias und verhörte ihn. Ornias rief schließlich Beelzebub herbei, der ebenso durch den Ring gebunden wurde. Widerstrebend erklärte er sich bereit, Salomo alle unreinen Dämonen zu bringen. Salomo verhörte die riesige Schar von Dämonen, die daraufhin erschien, und erfuhr so ihre Namen, Kräfte, Sternzeichen und auch die Namen der Engel, die stark genug waren, sie zu besiegen. Zu dieser Schar gehörte ein Dämon namens Oropel, der den Menschen Halsschmerzen bereiten konnte. Er floh jedoch, als Raphaels Name genannt wurde.[9]

---

8 Frederick G. Conybeare, *The Testament of Solomon*, Artikel in *Jewish Quarterly Review 11 (1898)*.

9 *Das Testament des Salomo* findet sich in Emil Kautzsch, *Die Apokryphen und Pseudepigraphen des Alten Testaments*, 2 Bde, Olms, 1992

RAPHAEL BEI BETHESDA

Viele Menschen glauben, dass Raphael der Engel ist, der in den Teich in Bethesda herabfuhr. Im *Evangelium des Johannes* (5, 2-4) lesen wir:

„Es ist aber in Jerusalem beim Schaftor ein Teich, der heißt auf hebräisch Bethesda. Dort sind fünf Hallen; in denen lagen viele Kranke, Blinde, Lahme, Ausgezehrte, die warteten, wann sich das Wasser bewegte. Denn ein Engel des Herrn fuhr herab von Zeit zu Zeit in den Teich und bewegte das Wasser. Wer nun zuerst, nachdem das Wasser bewegt war, hineinstieg, der ward gesund, mit welcherlei Leiden er auch behaftet war."

Höchstwahrscheinlich ist dieser Engel Raphael. Schließlich bedeutet sein Name „Gott heilt" und er ist berühmt dafür, dass er dem Tobias das Augenlicht wiedergab.

RAPHAEL IN DER LITERATUR

Raphael erscheint auch in der Literatur. In Miltons *Verlorenem Paradies* sendet Gott Raphael aus, Adam und Eva vor Ungehorsam gegen Gott zu warnen. Dieses epische Gedicht schildert Raphael als großzügig, freundlich und liebevoll:

„... den Engel Raphael...,
den gerngesellten Geist, der einst geruht,
Tobias zu begleiten und zur Eh'
Der siebenmal vermählten Jungfrau gab." (V, 286-289)

Milton zufolge führte Raphael ein längeres Gespräch mit Adam, in dessen Verlauf sie sich über eine ganze Reihe verschiedener Themen unterhielten, auch über das Leben im Himmel und auf der Erde. Sie sprachen über den kürzlich beendeten Krieg im Himmel und darüber, ob es Leben im Weltraum gäbe und kamen schließlich zum Thema Sex. *Das verlorene Paradies* weicht insofern von den meisten Berichten über den Garten Eden ab, als darin Adam und Eva so oft miteinander schlafen können wie sie wollen, solange sie nur die Finger von den verbotenen Früchten des Baumes der Erkenntnis lassen. Adam fragt selbstverständlich, ob Engel Sex haben. Errötend erklärt ihm Raphael, dass Engel spirituellen Sex pflegen:

„...das genießen wir
In höchstem Maße auch und finden nicht
Behinderung durch Haut, Gelenk und Glieder,
Die nur beschränken; leichter als die Luft
Mit Luft sich mischt, vereinen sich die Geister
Vollkommen, wenn sie sich umfangen, und
Begehren Reines zu dem Reinen nur." (VIII, 758-764)

Am Ende des Gespräches weist Raphael den Adam an, sich vor Satans Listen zu hüten und sich von den verbotenen Früchten fernzuhalten. Leider aber ignorierte dieser seinen Rat. Doch Adam segnet Raphael, bevor dieser ihn verlässt:

„Muss denn geschieden sein, so fahre wohl,
Himmlischer Gast, du Bote, hergesandt
Von ihm, vor dessen höchster Güte ich
Anbetend stehe. Hold und liebenswürdig
Hast du zu mir herunter dich geneigt,
Wofür ich deiner stets gedenken werde
In Dankbarkeit: sei du der Menschheit gut
Und freundlich je, und kehre oft zurück." (VIII 786-794)

Der letzte Teil von *Das verlorene Paradies* erzählt, wie Adam und Eva Hand in Hand aus dem Garten Eden schreiten. Trotz dieses offensichtlich traurigen Endes meinte Milton sein Gedicht positiv. Es macht deutlich, dass das, was Adam und Eva taten, uns in die Lage versetzt, auf unsere Erlösung hinzuarbeiten. Lebten wir immer noch im Garten Eden, hätten wir keinerlei Möglichkeit zur Ausübung des freien Willens.

RAPHAEL IN DER KUNST

Raphael ist auch in der religiösen Kunst eine beliebte Figur. Normalerweise wird er als Pilger oder Reisender dargestellt, in Alltagskleidung und Sandalen sowie einem Stab. Oft baumelt eine Wasserflasche oder ein Beutel an seinem Gürtel. Manchmal, besonders wenn er als Schutzengel gezeigt wird, trägt er auch ein Schwert. Häufig hat er ein Kästchen oder eine kleine Schachtel mit einem Talisman gegen die bösen Geister bei sich, den er aus dem Fisch gemacht hatte, der beinahe Tobias verschlungen hätte. Weil die Geschichte im Buch Tobias so bekannt und beliebt ist, wird Raphael oft mit Tobias und seinem Vater dargestellt.

Es überrascht wohl nicht weiter, dass der berühmte Maler Raffael den Raphael zweimal darstellte. Auf einem seiner berühmtesten Werke malt er den Erzengel Raphael, wie dieser Tobias als Kind der Jungfrau Maria zeigt, die das Jesuskind auf dem Arm trägt. Tobias hält einen kleinen Fisch in Händen.

Zu weiteren Künstlern, die Raphael gemalt haben, gehören Botticelli, Tizian, Claude Lorraine und Rembrandt. Besonders Rembrandt scheint die Geschichte fasziniert zu haben. Er malte vier Bilder, die Tobias zeigen, wie er seine Eltern verlässt, vier, auf denen Tobias von Raphael geleitet wird, eines, auf dem Tobias seinen erblindeten Vater heilt und zwei von Raphaels Abschied.[10]

10 Anna Jameson, *Sacred and Legendary Art*, Band 1, Houghton Mifflin and Company, 1895.

RAPHAEL, DER LEHRER UND HEILER

Raphael wird seit jeher mit Lehren und Heilen assoziiert. Als der heilende Engel ist er zuständig für Ganzheit und Gemeinsamkeit sowie für alle Formen des Heilens, sei es mental, emotional, spirituell oder physisch. Er kann Beziehungen zwischen zwei Menschen ebenso heilen wie die zwischen zwei Ländern. Es ist seine Aufgabe, die Wunden der Menschheit zu schließen. Er verbindet Lehren und Heilen, wenn er uns sagt, dass wir aus den Wunden lernen sollen, die wir uns durch unser eigenes Handeln zufügen. Raphael gibt uns die Möglichkeit, uns wieder mit der göttlichen Liebe zu verbinden. Er lehrt, dass wir immer von Liebe umgeben und umfangen sind, selbst wenn wir nichts davon merken.

Aber Raphael hat auch andere wichtige Aufgaben. Er steht im Osten und herrscht über das Element Luft. Sein Wochentag ist Mittwoch und sein Planet ist Merkur.[11] Er ist zuständig für Kreativität und kümmert sich um die Interessen der jungen Leute. Er hat ein besonderes Interesse daran, Menschen bei ihrer spirituellen Entwicklung zu helfen, und häufig unterstützt er jene, die eine Pilgerreise planen. Deshalb wird er in der Kunst oft als Reisender dargestellt, samt Wanderstock und Kalebasse. Außerdem ist er der Schutzengel verschiedener Aspekte der Natur. So hat er sich um

---

11 Die Zuordnung von Raphael zu Merkur ist schon seit mindestens tausend Jahren umstritten. Manche Schulen ordnen Michael dem Merkur zu und Raphael der Sonne. In anderen wiederum ist es genau umgekehrt. Das liegt daran, dass es zwei große Kabbala-Schulen gibt. Die altisraelitische oder judäische Kabbala, die bis in die Zeit des Moses zurückreicht, wurde Jahrhunderte lang mündlich überliefert. Die Bibel nennt den Erzengel Michael den Engel Israels (Daniel 12, 1). Daher wird Michael nach judäischer Tradition der wichtigen Sonnen-Position zugeordnet, womit für Raphael der Merkur bleibt. Die alchemistische Kabbala verwendet die Symbolik der esoterischen Mysterien des Mittelmeerraums. Ihr wichtigster Engel ist der Erzengel Raphael, der dem griechischen Gott Apollo gleichgesetzt werden kann. Apollo war mit Heilung, Wissenschaft und Bildung verbunden. Daher wird in diesem System Raphael der Sonne zugewiesen, während Michael sich um Merkur zu kümmern hat. Für dieses Buch möchte ich das ältere judäische System verwenden.

die Morgendämmerung, um Wissen und Wissenschaft sowie um Reisen zu kümmern. Raphael und Ramiel sind die beiden Engel des Mitgefühls. Raphael hat einen ausgeprägten Sinn für Humor und erfüllt Begegnungen zwischen Menschen mit Lachen, Fröhlichkeit und Freude.

Zwar wird Raphael im Neuen Testament nicht namentlich erwähnt, doch ließ ein Kirchenrat im Jahre 745 die Anrufung Raphaels um Hilfe ausdrücklich zu. Raphaels Feiertag war lange der 24. Oktober, doch im Zuge der Reform des Kirchenkalenders im Jahr 1969 wurde er auf den 29. September festgelegt. Das war ursprünglich Michaels Tag gewesen, Gabriels Feiertag war der 24. März. Heute ist der 29. September der Tag der Erzengel.

VERLORENES ODER GESTOHLENES

Raphael hat schon vielen geholfen, verlorene oder gestohlene Gegenstände wiederzufinden. Eine meiner Kursteilnehmerinnen verlor einmal ihre Armbanduhr. Diese Uhr besaß keinen besonderen materiellen Wert, aber sie hing sehr an ihr, weil ihre Großmutter sie ihr in ihrem Testament vermacht hatte. Dianes erster Gedanke war, jemand müsse sie gestohlen haben, aber das schien unwahrscheinlich. Sie suchte überall, zu Hause und an ihrem Arbeitsplatz. Sie zögerte mit dem Kauf einer neuen Uhr, weil sie unbedingt ihre geliebte Uhr wiederfinden wollte. Schließlich beschloss sie, Raphael um Hilfe zu bitten. Kurz vor dem Zubettgehen vollzog Diane ein Ritual. Als sie am nächsten Morgen aufwachte, fiel ihr plötzlich wieder ein, wo ihre Uhr lag.

Vor ein paar Wochen war sie im Schwimmbad gewesen. Bevor sie ins Bad ging, hatte sie ihre Uhr ausgezogen und zur Sicherheit ins Handschuhfach ihres Autos gelegt. Sie stand auf, ging in die Garage und fand ihre Uhr.

„Den Gedanken muss mir Raphael eingegeben haben“, sagte mir Diane. „Anders kann ich es mir nicht erklären, dass ich am Morgen nach meinem Gespräch mit ihm mit diesem Gedanken aufgewacht bin.“

LERNEN

Raphael interessiert sich besonders für Naturwissenschaften, ist aber bereit, jedem zu helfen, der lernen möchte. Er regiert den Planeten Merkur, der mit Denken und Lernen verbunden ist. Er kann Ihnen helfen, sich alles zu merken, was Sie wissen müssen, und den Stress und die Anspannung abzubauen, die oft mit Prüfungen einhergehen. In solchen Situationen kann Raphael Ihnen helfen, sich zu konzentrieren, sich leicht an Gelerntes zu erinnern und Ihre Gedanken klar und exakt auszudrücken.

Malcolm ist ein alter Schulfreund von mir. In der Schule war er immer gut, aber er litt unter schrecklicher Prüfungsangst. Wie nicht anders zu erwarten, hatte er es an der Uni ausgesprochen schwer, und ich weiß noch, wie niedergeschlagen er war, als er durch ein wichtiges Examen fiel.

„Ich weiß mehr über das Thema als alle anderen zusammen“, sagte er mir. „Aber im Examen war alles wie weggeblasen.“

Malcolm entschloss sich, sein Problem anzupacken. Er überlegte sich mehrere Möglichkeiten und entschied sich dann dafür, Raphael um Hilfe zu bitten. Er sprach mehrfach mit ihm. Malcolm stand der ganzen Sache ziemlich skeptisch gegenüber, kam dann aber aus dem Staunen nicht mehr heraus, wie leicht er beim nächsten Examen alle Fragen beantworten konnte.

„Ich hatte überhaupt keinen Stress“, berichtete er mir. „Ich hab sogar gedacht, da stimmt etwas nicht. Ich hab mich hingesetzt und sämtliche Fragen beantwortet. Ich war so locker, als säße ich am heimischen Schreibtisch.“

GANZHEIT

Raphael kann Ihnen helfen, Ihr inneres Gleichgewicht wiederzufinden und sich wieder im Einklang mit dem Leben zu fühlen. Bitten Sie Raphael immer dann um Hilfe, wenn etwas Wichtiges in Ihrem Leben schiefläuft. Der Verlust des Arbeitsplatzes oder das Zerbrechen einer Beziehung sind gute Beispiele. Wenn Ihr physischer, mentaler, emotionaler oder spiritueller Körper sich aus der Bahn geworfen fühlt, bitten Sie Raphael, dass er Ihnen hilft, Ihr inneres Gleichgewicht wiederherzustellen und wieder in Einklang mit dem Leben zu kommen. Auch wenn Sie das Gefühl haben, dass Sie den Kontakt zu ihrer spirituellen Seite verloren haben, rufen Sie Raphael.

Donald begegnete ich zum ersten Mal, als er einen meiner Kurse zur Entwicklung medialer Fähigkeiten besuchte. Man sah es ihm an, dass er sehr viel Traurigkeit mit sich herumtrug, aber in den Kursen konnte er sich davon lösen und machte ausgezeichnete Fortschritte. Im Laufe der Wochen erzählte er mir nach und nach, dass er einem Anlagebetrüger aufgesessen war und danach seinen Glauben an Gott und die Menschen verloren hatte. Das war etwa ein Jahr bevor wir uns kennengelernt hatten. In dieser Zeit beschäftigte er sich mit verschiedenen Glaubensrichtungen und versuchte so, seinen Glauben wiederzufinden. Leider aber wurde er dadurch nur noch zynischer.

Daher war er nicht gerade begeistert, als ich ihm vorschlug, er solle mit Raphael Kontakt aufnehmen und ihn bitten, ihn zu heilen. So vergingen noch mehrere Wochen, bevor er auch nur halbwegs ernsthaft daran dachte, es wenigstens einmal zu versuchen. Eines Sonntagmorgens bat er Raphael um Hilfe. Das Ergebnis war erstaunlich und für alle im Kurs deutlich sichtbar. Donald war fünfzig, sah aber auf einmal mindestens zehn Jahre jünger aus; und auch seine leicht gebückte Haltung war verschwunden. Er wirkte, als sei ihm eine große Last von den Schultern genommen worden. Er lächelte ununterbrochen, als er uns von seinem Erlebnis berichtete, wie Raphael ihm die ganze Last, die er bis dahin mit sich herumgetragen hatte, einfach abnahm.

„Ich ging eine stark befahrene Straße entlang und wollte in einen Park“, erzählte er. „Ich hatte die vage Vorstellung, mich vielleicht unter einen Baum zu setzen und Raphael um Hilfe zu bitten. Aber wie es scheint, konnte ich wohl nicht mehr so lange warten. Ich ging also die Straße entlang und dachte darüber nach, was ich Raphael sagen könnte, als ich plötzlich spürte, dass er bei mir war. Ich hatte keinerlei Übungen oder Rituale gemacht. Ich habe einfach nur an Raphael gedacht, und schon war er da. Und als wir im Park waren, erschienen mir alle meine Probleme bereits unbedeutend.“ Bei dem Gedanken daran lächelte er. „Heute fühle ich mich besser als mit zwanzig. Das war eine Wunderheilung. Eben noch ging es mir so elend und ich war wütend auf alles und jeden, und schon im nächsten Augenblick war ich ruhig, befreit und im Einklang mit der Welt. Ich habe das Gefühl, mein Leben hat gerade erst angefangen.“

HEILUNG

Raphael ist bereit, mit jeder Form des Heilens zu helfen und Körper, Geist und Seele wiederherzustellen. Er kann auch die Menschen heilen, die Ihnen am Herzen liegen. Alte Wunden sind seine Spezialität. Ganz gleich, weshalb es Ihnen schlecht geht, bitten Sie Raphael um Hilfe. In dieser Hinsicht ist Raphaels Verbindung zum Element Luft ebenfalls nützlich. Der Atem ist lebensnotwendig, und Raphael ist uns immer so nahe wie der nächste Atemzug. Lassen Sie diese heilenden Energien mit dem Atem in sich einströmen. Wenn Sie im Gesundheitswesen arbeiten, ganz gleich in welcher Funktion, können Sie Raphael um Unterstützung bitten, damit Sie Ihren Patienten wieder zu strahlender Gesundheit verhelfen können. Raphael heilt auch zerbrochene Beziehungen.

Henrietta ist Sozialarbeiterin und hat es sich zur Lebensaufgabe gemacht, Frauen mit Gewalterfahrungen und ihren häufig psychisch auffälligen Kindern zu helfen. Als sie eine rätselhafte Krankheit entwickelte, die sich jeder Diagnose entzog, führten die Ärzte dies auf ihre belastende Arbeit zurück. Henrietta liebte ihre Arbeit über alles, und wenngleich sie auch manchmal belastend war, so doch nicht in dem Maße, dass sie deshalb tagelang ins Bett gezwungen wäre. Sie hatte mehrere Bücher über Engel gelesen und beschloss, Raphael um Hilfe zu bitten.

„Ich wusste nicht, wie man das richtig macht“, erzählte sie mir. „Deshalb schloss ich einfach nur die Augen und bat Raphael, mir zu Hilfe zu kommen. Ich habe bestimmt nicht die richtigen Worte gebraucht, aber offensichtlich konnte Raphael doch spüren, dass ich seine Hilfe benötigte. Ich sagte ihm, wie wichtig mir meine Arbeit sei und dass ich nicht arbeiten könne, wenn ich krank sei. Ich bat ihn, mir dabei zu helfen, die Menschen zu heilen, mit denen ich arbeitete. Und ich bat ihn, mich zu heilen. Dann überkam mich ein erstaunliches Gefühl tiefen Friedens, und ich wusste, dass er sich um mich kümmern und alles gut würde. Als er wieder weg war, schlief ich zwölf Stunden lang. Und als ich wieder aufwachte, war ich vollkommen gesund und habe seither keinerlei gesundheitliche Probleme mehr.“

EMOTIONALE HEILUNG

Als ich Natascha zum ersten Mal begegnete, hatte sie viele Probleme. Kurz zuvor war nach 30-jähriger Ehe ihr Mann gestorben, und mit ihren beiden erwachsenen Kindern hatte sie kaum Kontakt. Sie kam zu mir, weil sie Schuldgefühle hatte, dass sie im Grunde froh war über das Ende ihrer Ehe.

„Natürlich habe ich Tom nicht den Tod gewünscht“, sagte sie mir. „Aber er war ein harter Mann. Er machte alle nieder, besonders mich. Jahrelang habe ich mich kaum getraut, meine Meinung zu sagen, weil ich ganz genau wusste, dass er sowieso gegen alles war, was ich sagte und sich dann nur wieder über mich lustig machen würde. Ich wurde ein stilles, scheues, zahmes kleines Mäuschen, das hinter ihm herhuschte und versuchte, ihm das Leben so angenehm wie möglich zu machen. Für ihn war das sicher schön, aber für mich war es die Hölle. Ich fühlte mich zu nichts nutze, und das wurde noch schlimmer, wenn ich mich dabei erwischte, dass ich schlecht über ihn dachte. Und jetzt ist er tot, aber ich bin kein bisschen glücklicher, weil ich jetzt Schuldgefühle habe, dass ich froh darüber bin.“

Natascha war in ihrem Sessel zusammengesunken und hielt den Blick fest auf den Boden geheftet, während sie mir von ihrer Ehe erzählte. Ihr Mann war zu den Kindern genauso hart gewesen wie zu ihr, und sie verließen das Elternhaus, sobald sie nur konnten. Ihre Mutter bedeutete ihnen nicht sonderlich viel, denn sie fühlten sich von ihr im Stich gelassen, weil sie weder sich selbst noch die Kinder verteidigt hatte.

„Und jetzt bin ich ganz allein. Ich bin zweiundfünfzig Jahre alt, aber ich habe das Gefühl, ich habe noch gar nicht richtig gelebt. Ich fühle mich so schuldig, und es tut mir alles so Leid. Ich schäme mich vor mir selber, dass ich mich so habe niedermachen lassen. Glauben Sie, dass es zu spät für mich ist, noch einmal ganz von vorne anzufangen?“

Natürlich ist es nie zu spät, noch einmal von vorne anzufangen. Ich schlug ihr vor, sie solle Raphael einen Brief schreiben, ihm alles sagen, was sie mir gesagt hatte und ihn bitten, sie von dem Schmerz, den Verletzungen und dem Leid, das sie mit sich herumtrug, zu befreien. Es tat Natascha unglaublich gut, ihre Gedanken zu Papier zu bringen, und schon bald konnte sie eine enge Verbindung zu

Raphael aufbauen. Und nach knapp sechs Monaten hatte sie das Gefühl, dass sie nun vollständig geheilt war.

„Von Anfang an ging es mir immer besser", sagte sie mir. „Aber ich entdeckte eine emotionale Blockade nach der anderen. Manche saßen so tief, dass ich nicht einmal wusste, dass sie überhaupt da waren. Raphael war freundlich und geduldig und sagte mir, dass es seine Zeit brauchen werde. Er hatte Recht, und ich bin froh, dass nicht alles auf einmal passiert ist, denn ich habe den Weg dahin auch genossen. Ich habe dabei so viel über mich gelernt, und jetzt fange ich ein ganz neues Leben an."

Natascha fand eine Arbeitsstelle, hatte wieder Kontakt mit ihrer Tochter und lernte sogar ein paar Männer kennen.

„Im Augenblick möchte ich nicht wieder heiraten", sagte sie. „Aber wer weiß, wenn der Richtige käme und Raphael mit ihm einverstanden wäre, dann vielleicht doch."

SUCHT

Bei meiner Arbeit als Hypnotherapeut kommen viele Menschen zu mir, die Probleme mit einer Sucht haben, sei es Drogen, Alkohol oder Glücksspiel. Oft reicht Hypnose vollkommen aus, aber hin und wieder müssen wir Raphael um Hilfe bitten.

Ein gutes Beispiel dafür war ein Mann, der wegen seines Alkoholproblems zu mir kam. Len behauptete, er sei kein Alkoholiker, trank aber jeden Tag zwei Flaschen billigen Rotwein. Seit kurzem trank er sogar noch mehr und hatte jetzt das Gefühl, dass er deswegen etwas tun sollte. Len hatte gute Gründe, warum er aufhören wollte und ich dachte, mit ein paar Hypnose-Sitzungen wäre er kuriert. Sehr zu meiner Überraschung tat sich jedoch gar nichts. Weil das ungewöhnlich ist, wusste ich, dass dies ein Fall für Raphael war.

Ich hatte Len gegenüber noch nie über Engel gesprochen und war mir nicht sicher, wie er darauf reagieren würde. Zum Glück war er zu allem bereit, und so stellte ich ihn in einer Sitzung Raphael vor.

In der Hypnose ließ ich Len zuerst visualisieren, wie sein Leben heute aussah, und danach, wie es in zwölf Monaten aussehen würde, wenn er so weitermachte wie bisher. Ich ließ ihn noch einen Blick in die weiter entfernte Zukunft werfen und führte ihn dann wieder in die Gegenwart zurück.

Dann bat ich ihn, sich auf Raphael auszurichten. Ich gab ihm keinerlei Hinweise, wie er ihn sich vorzustellen hätte, weil es besser ist, wenn jeder Mensch sein Bild nach eigenen Ideen gestalten kann. Später fand ich heraus, dass Len sich Raphael als kleinen drahtigen Mann um die dreißig mit kräftigem Bartwuchs vorstellte. Er trug einen modernen Trainingsanzug und Sportschuhe und strotzte vor Gesundheit. Das ist ganz anders, als ich Raphael sehe, aber es zeigt, wie wichtig es ist, dass jeder sich sein eigenes Bild von ihm macht.

Sobald er Raphael deutlich sehen konnte, bat ich ihn zu visualisieren, wie sein Leben in zwölf Monaten aussähe, wenn er Raphaels Hilfe annähme. Wir schauten dann noch zwei und fünf Jahre in die Zukunft, damit er einen Eindruck von der weiteren Entwicklung bekäme.

Als Len wieder aus der Hypnose kam, war er ganz aus dem Häuschen. Er hatte ein deutliches Bild von Raphael vor Augen und freute sich sehr, wie zugänglich und freundlich er war. Der Unterschied zwischen den beiden Zukunftsaussichten brachte Len zu der Überzeugung, Raphael immer dann zu rufen, wenn er Hilfe bei seinem Problem benötigte.

Len bedurfte keiner weiteren Sitzungen mehr. Im Laufe der nächsten zwölf Monate rief er mich mehrmals an und berichtete mir, wie es mit ihm weiterging. Mit Raphaels Hilfe hatte er seine

Alkoholabhängigkeit überwunden und lebte gesund und glücklich. Sein früheres Verlangen nach Alkohol war vollständig verschwunden.

Ich kenne viele Menschen wie Henrietta, Natascha und Len, denen Raphael sehr geholfen hat. Raphael ist bereit, auch Ihnen zu helfen. Sie müssen ihn nur darum bitten. Im nächsten Kapitel betrachten wir mehrere Methoden, wie Sie mit Raphael Kontakt aufnehmen können.

2

FÜNF MÖGLICHKEITEN, MIT RAPHAEL KONTAKT AUFZUNEHMEN

Wie alle anderen Engel, ist auch Raphael sehr zugänglich und freut sich, mit Ihnen zu sprechen und Ihnen zu helfen, wo er nur kann. Wenn Sie dringender Hilfe bedürfen, rufen Sie ihn einfach, und schon ist er bereit, Ihnen zur Seite zu stehen. Zumeist ist es aber viel besser, wenn Sie sich auf die Begegnung vorbereiten und ein Ritual durchführen, weil dies ihre Besonderheit und Heiligkeit unterstreicht.

Wichtig ist, dass Sie die Begegnung aus Ihrem normalen Alltag herausheben. Es ist keine sonderlich gute Idee, von der Arbeit nach Hause zu rasen und sofort Raphael zum Gespräch zu bitten. Kommen Sie lieber in Ruhe nach Hause, spannen Sie ein wenig aus und lassen Sie den Arbeitstag hinter sich. Treiben Sie am Abend ein wenig Sport oder meditieren Sie und gönnen sich ein gemütliches Bad oder eine Dusche, bevor Sie Raphael anrufen. Verwöhnen Sie sich mit einem Schaum- oder Duftbad, wenn Sie mögen. So fällt der Stress von Ihnen ab, der sich im Laufe des Tages aufgebaut hat, und Sie fühlen sich erfrischt und voller neuer Energie. Außerdem gewinnen Sie so etwas Zeit, über die verschiedenen Dinge nachzudenken, über die Sie mit Raphael sprechen möchten. Vielleicht machen Sie sich sogar Notizen oder schreiben Raphael einen Brief.

Für Ihre Gespräche mit Raphael sollten Sie immer einen bestimmten Ort wählen. Vielleicht haben Sie bereits einen heiligen Platz oder einen Altar bei sich zu Hause. Das wäre ideal. Wenn Sie aber noch keinen bestimmten Platz für derlei Dinge eingerichtet haben, dann suchen Sie sich ein Zimmer oder eine Stelle aus, an der Sie die Rituale abhalten möchten. Benutzen Sie nach Möglichkeit immer denselben Ort, wenn Sie Kontakt mit den Engeln aufnehmen. Achten Sie darauf, dass es dort warm, gemütlich und einladend ist.

Außerdem benötigen Sie einen Altar, an dem Sie arbeiten können. Das muss keinen großen Aufwand bedeuten und kann etwas so Einfaches sein wie eine umgedrehte Kiste oder ein Kartentischchen. Stellen Sie Ihren Altar, wenn Sie daran arbeiten, so auf, dass Sie dabei in Raphaels Richtung (Osten) schauen. Sie können Ihren Altar beliebig dekorieren. Wünschenswert sind Gegenstände, welche die vier Elemente repräsentieren: Eine Kerze für das Element Feuer, Salz für das Element Erde, Räucherwerk für das Element Luft und Wasser für das Element Wasser. Wenn Sie ein Heilungsritual für jemanden durchführen, dann stellen Sie ein Foto dieses Menschen auf den Altar. Sie können aber auch seinen Namen auf ein Blatt Papier schreiben und dieses auf Ihren Altar legen. Fügen Sie beliebige weitere Dinge hinzu, die für Sie spirituelle Bedeutung haben oder Ihnen heilig sind.

Eine Freundin legt einen Kreis aus Tarot-Karten und vollzieht ihre Rituale innerhalb dieses Kreises. Manchmal verwendet sie dazu nur eine Handvoll speziell ausgewählter Karten, ein anderes Mal wieder das gesamte Deck. Eine andere Freundin positioniert Edelsteine an strategisch wichtigen Stellen in ihrem Zimmer. Über Raphaels Lieblingssteine sprechen wir in Kapitel Acht. Sie können aber grundsätzlich jeden Stein verwenden, der Sie anspricht.

Einen Kreis kann man auf vielerlei Weise ziehen. Manche benutzen dazu Kreide oder ein Band oder verschiedene Gegenstände. Ich bevorzuge einen runden Teppich. Viele stellen sich auch bloß vor ihrem inneren Auge einen Kreis vor, in dem sie daran arbeiten. Wie Sie es machen, bleibt ganz Ihnen überlassen. Sie werden spüren, dass Ihr Kreis mit jedem Mal, das Sie ihn benutzen, mehr Energie und Kraft bekommt. Der Umfang des Kreises hält die magische Energie, die Sie bei jeder Nutzung aufbauen, zusammen.

Gerne können Sie Kerzen anzünden. Verwenden Sie Farben, die Ihnen gefallen. Denken Sie daran, dass Raphael gut auf Gelb, Gold, Violett, Rosa und Grün anspricht. Verwenden Sie außerdem eine weiße Kerze als Symbol für Sie selbst oder jemand anderen, um den es in dem Ritual geht. Wenn Sie möchten, können Sie Ihren Altar mit einem Tuch bedecken. Grün ist eine gute Farbe, denn es steht sowohl für Heilung als auch für Raphael. Aber Sie können natürlich eine beliebige Farbe verwenden, die Sie mögen. Das Wichtigste an der Gestaltung Ihres heiligen Ortes ist, dass er Ihnen gefällt.

Viele Menschen setzen bei ihren Ritualen Musik und Räucherwerk ein. Räucherwerk verwende ich bisweilen, Musik lenkt mich aber zu sehr ab. Doch auch dies ist ganz Ihrer Vorliebe überlassen. Wenn Sie Musik spielen, wählen Sie sie sorgfältig aus und achten Sie darauf, dass Sie zu dem passt, was Sie tun. Es ist nicht unbedingt im Sinne der Sache, wenn Sie während des Rituals unwillkürlich die Melodie mitsummen. Viele setzen bei ihren Ritualen gerne Glocken oder Klangschalen ein. Wenn Ihnen das Ritual so mehr Freude macht, können Sie das gerne tun.

Eventuell brauchen Sie einen Kompass zur Bestimmung der Himmelsrichtungen. Sie werden alle vier Erzengel anrufen und sollten dazu genau wissen, in welche Himmelsrichtung Sie sich wenden müssen. Ein befreundeter Künstler hat Bilder von Michael, Gabriel, Raphael und Uriel gemalt und stellt diese an den richtigen Positionen auf, bevor er mit den Engeln spricht.

Überlegen Sie auch, welche Kleidung Sie tragen möchten. Sie können das Ritual gerne im Himmelskleid (nackt) ausführen. Wenn Sie lieber bekleidet sind, wählen Sie bequeme, locker sitzende Kleidung. Eine Robe, die nur zu diesem Zweck getragen wird, versetzt Sie leichter in die richtige Stimmung. Ideal wäre eine grüne oder dunkelrosafarbene Robe.

DER BEGINN DES RITUALS

Jetzt können Sie anfangen. Ihr heiliger Ort ist vorbereitet, Sie haben ein Bad genommen und darüber nachgedacht, warum Sie mit Raphael Kontakt aufnehmen möchten. Wenn Sie mögen, können Sie sich nun in die Mitte Ihres heiligen Ortes stellen und sofort beginnen. Ich finde es aber schöner, sich auf diesen Moment ein wenig vorzubereiten, denn eine passende Einleitung verleiht dem Anlass eine gewisse Würde und zeigt, dass Sie das Ganze ernstnehmen.

Eine Methode, die sich für mich bewährt hat, um mich in einen meditativen Zustand zu versetzen, ist ein kurzes Gebet oder eine Invokation, bevor ich in den Kreis trete. Das kann zum Beispiel das Vaterunser sein, aber auch einfach ein paar selbstgeschriebene Worte. Besonders schön finde ich das Gebet des Heiligen Franziskus:

Herr, forme mich zum Werkzeug Deines Friedens!
Wo Hass herrscht, lass mich Frieden säen.
Wo Verletzung wirkt, lasse mich Verzeihung bringen.
Wo Zwietracht waltet, lasse mich Eintracht schaffen.
Wo Irrtum verwirrt, lasse mich Wahrheit offenbaren.
Wo Zweifel nagt, lasse mich Glauben erwecken.
Wo Verzweiflung quält, lasse mich Hoffnung schenken.
Wo Dunkelheit verdüstert, lasse mich als Licht leuchten.
Wo Traurigkeit schmerzt, dorthin lasse mich Freude tragen.

Oh Göttlicher Meister, lasse mich nicht danach trachten,
getröstet zu sein, als vielmehr trösten zu dürfen;
nicht verstanden zu werden, als vielmehr zu verstehen;
nicht geliebt zu werden, als vielmehr zu lieben.

Denn nur im Geben, vermögen wir wahrhaft zu empfangen,
und nur in der Selbstvergessenheit finden wir rechtes
Verständnis.

Im Vergeben finden wir selbst Vergebung,
und im Sterben durchschreiten wir das Tor zum ewigen Leben.
Franz von Assisi (1182-1226) zugeschrieben

Was Sie sprechen, ist ganz Ihnen überlassen. Wenn Sie so zur Ruhe gekommen sind, betreten Sie den Kreis. Sie können den Kreis auch dreimal im Uhrzeigersinn umrunden, bevor Sie hineintreten. Das definiert klar den magischen Kreis, in dem Sie arbeiten werden.

Stehen Sie im Kreis, so wenden Sie sich Ihrem Altar zu, was bedeutet, dass Sie nach Osten schauen. Sie werden jetzt die vier großen Erzengel anrufen, von denen jeder für eines der vier Enden des Universums zuständig ist. Raphael ist im Osten und der Erzengel der Luft. Michael ist im Süden und der Erzengel des Feuers. Gabriel ist im Westen und der Erzengel des Wassers. Uriel ist im Norden und der Erzengel der Erde.

Breiten Sie die Arme weit aus und sprechen Sie:

„Raphael, großer Hüter des Ostens, bitte beschütze und leite mich bei diesem Ritual. Deine göttliche Hilfe habe ich früher oft als selbstverständlich hingenommen, aber ich möchte Dir sagen, dass ich dankbar bin für alles, was Du je für mich getan hast."

Lassen Sie die Arme ausgebreitet und wenden Sie sich nach Süden. Sprechen Sie nun Michael an:

„Michael, großer Hüter des Südens, bitte beschütze und leite mich bei diesem Ritual. Deine göttliche Hilfe habe ich früher oft als

selbstverständlich hingenommen, aber ich möchte dir sagen, wie dankbar ich bin, dass du mir den Mut, die Kraft und die Fähigkeit gibst, die Wahrheit zu sagen."

Wenden Sie sich mit immer noch ausgebreiteten Armen nach Westen und sagen Sie zu Gabriel:

„Gabriel, großer Hüter des Westens, bitte beschütze und leite mich bei diesem Ritual. Deine göttliche Hilfe habe ich früher oft als selbstverständlich hingenommen, aber ich möchte Dir sagen, dass ich dir für alle deine Führung, Inspiration und Reinigung dankbar bin."

Wenden Sie sich nun nach Norden und sagen Sie zu Uriel:

„Uriel, großer Hüter des Nordens, bitte beschütze und leite mich bei diesem Ritual. Deine göttliche Hilfe habe ich früher oft als selbstverständlich hingenommen, aber ich möchte dir sagen, dass ich dankbar dafür bin, dass du mir Ruhe, inneren Frieden und die Fähigkeit schenkst, zu geben und zu nehmen."

Setzen oder knien Sie sich vor Ihren Altar. Schließen Sie die Augen und visualisieren Sie, dass Sie von der Liebe und dem Schutz der vier Erzengel umgeben sind. Machen Sie sich klar, dass Sie dieses Gefühl der Liebe und der Sicherheit jederzeit spüren können.

Jetzt ist es Zeit für das Gespräch mit Raphael. Erklären Sie zu Beginn Ihre Absicht. Manche tun dies sehr förmlich, aber Sie können dabei ruhig in einem vertraulichen Ton sprechen, solange Sie nur Raphael und den anderen Erzengeln den gebührenden Respekt erweisen.

Nehmen wir einmal an, Sie möchten Raphael um Hilfe für Anna bitten, die zu einer Operation ins Krankenhaus muss. In diesem Fall können Sie Ihre Absicht folgendermaßen ausdrücken: „Erzengel Raphael, Engel der Heilung, ich bitte dich um Hilfe und Heilung für meine Freundin Anna, die morgen zu einer Operation ins Krankenhaus muss. Ich mache mir Sorgen um sie und rufe dich an, damit du ihr helfen kannst, wie immer du es vermagst. Danke."

Wenn Sie das gesagt haben, halten Sie inne und warten Sie auf eine Antwort. Vielleicht haben Sie plötzlich das Gefühl, dass alles gut gehen wird. Oder Sie spüren, dass Raphael bei Ihnen ist und Sie mit Liebe und heilender Energie umfängt. Gleichgültig, welche Antwort Sie erhalten, Sie wird Ihnen ein Gefühl der Ruhe und des inneren Friedens schenken.

Jetzt können Sie ein Gespräch mit Raphael führen. Sie können dabei laut sprechen oder auch nicht, und die Antworten werden als Gedanken in Ihrem Geist auftauchen. Setzen Sie dieses Gespräch so lange fort wie Sie möchten. Danken Sie Raphael am Ende noch einmal.

Stehen Sie auf, und danken Sie mit ausgebreiteten Armen nacheinander erneut allen Erzengeln, angefangen von Uriel im Norden, über Gabriel und Michael bis zu Raphael. Löschen Sie die Kerzen, wenn Sie welche verwendet haben, und treten Sie aus dem Kreis heraus.

Es ist durchaus möglich, dass Sie durch dieses Ritual gleich beim allerersten Mal eine sehr enge Verbindung zu Raphael erleben. Wahrscheinlicher aber werden Sie ein eher durchwachsenes Ergebnis erzielen. Vielleicht sind Sie sich nicht sicher, ob Sie wirklich mit Raphael gesprochen haben, und womöglich haben Sie auch den Trost und die Sicherheit nicht gespürt, die sich einstellen, wenn Sie sich von den vier Erzengeln umgeben fühlen. Wenn dem so sein sollte, machen Sie sich keine Gedanken. Die Verbindung wird stärker mit jedem Mal, da Sie dieses Ritual durchführen. Wenn Sie bisher im Leben auch ohne Kommunikation mit den Erzengeln bis dahin gekommen sind, wo Sie jetzt stehen, dann kommt es auf ein oder zwei Wochen länger auch nicht mehr an.

Eine meiner Kursteilnehmerinnen nutzte dieses Ritual, um ihrer Großmutter Heilungsenergie zu senden. Sie ärgerte sich über ihren scheinbaren Misserfolg.

„Wie geht es Ihrer Großmutter?“, fragte ich.

„Viel besser. Danke“, erwiderte meine Kursteilnehmerin. Und plötzlich blieb ihr der Mund offen stehen. „Sie glauben doch nicht etwa, dass ich wirklich mit Raphael gesprochen habe, oder?“

Manchmal arbeiten die Engel auf geheimnisvolle Weise, und ihre Bitte an Raphael mag erfüllt worden sein, obwohl sie nicht bewusst wahrgenommen hatte, dass eine Verbindung zustande gekommen war.

„Es ist ungefähr so wie ein Gebet, nicht wahr?“, fragte sie. „Wenn ich bete, erwarte ich auch nicht, dass ich etwas höre oder spüre, aber ich hoffe trotzdem auf ein positives Ergebnis.“

An jenem Abend ging sie mit gestärktem Vertrauen nach Hause, und heute kommuniziert sie regelmäßig mit Raphael. Lassen Sie sich also nicht entmutigen, wenn es länger dauert, als Sie sich vorgestellt haben. Die Engel hören alles, was wir ihnen sagen – nur müssen wir uns das gelegentlich bewusst vergegenwärtigen, besonders dann, wenn wir nicht sofort eine Antwort erhalten. Seien Sie geduldig und vertrauen Sie darauf, dass die Engel für Sie arbeiten.

Diese erste Übung ist praktisch, weil sie Ihren magischen Kreis aktiviert und Sie mit allen vier Erzengeln in Kontakt bringt. Das kann sehr nützlich sein, denn zuweilen werden Sie feststellen, dass Sie den einen Erzengel um etwas bitten und ein anderer Ihnen seine Hilfe dazu anbietet. Außerdem kann Ihnen dieses Ritual seelisch wieder auf die Beine helfen und Ihnen unbegrenztes Vertrauen schenken; und wenn vier Erzengel an Ihrer Seite sind, dann können Sie alles erreichen.

FARBEN ATMEN

Manchmal haben wir zu wenig Zeit für das eben beschriebene Ritual im magischen Kreis oder sind unterwegs und können es nicht an unserem heiligen Ort durchführen. Man kann das Ritual zwar überall ausüben, aber ich muss zugeben, dass ich es am liebsten immer am selben Ort tue.

Das Farbenatmen hingegen ist eine nützliche Technik, die man überall anwenden kann. Setzen Sie sich bequem hin und schließen Sie die Augen. Visualisieren Sie ein wunderschönes weißes Licht um sich herum. Allmählich geht dieses weiße Licht in einen perfekten reinen Goldton über. Wenn Sie das deutlich wahrnehmen können, atmen Sie tief ein und ziehen Sie dabei so viel von der schönen goldenen Energie in sich hinein, wie Sie nur können. Halten Sie den Atem dann ein paar Sekunden lang an und atmen Sie danach langsam wieder aus. Atmen Sie diese goldene Energie noch zweimal ein und beobachten Sie dann, wie sich das Gold allmählich ins schönste Grün verwandelt, das Sie je gesehen haben. Sobald Sie das klar vor Augen haben, nehmen Sie drei tiefe, erfrischende Atemzüge voll von dieser grünen Energie und halten jedesmal nach dem Einatmen den Atem einige Sekunden lang an, bevor Sie wieder ausatmen. Beobachten Sie danach, wie das grüne Licht wieder in das weiße Licht vom Anfang übergeht.

Wie Sie wissen, sind Gold und Grün zwei von Raphaels Farben. Sie sind jetzt von seiner Energie erfüllt. Genießen Sie das Gefühl der goldenen und grünen Energien in jeder Zelle Ihres Körpers und bitten Sie dann Raphael, zu Ihnen zu kommen.

Machen Sie sich keine Gedanken, ob er wohl kommen wird oder nicht. Er wird Ihrem Ruf ganz sicher folgen, und Sie werden es an einer leichten Veränderung der Energien in Ihrer Umgebung merken. Vielleicht empfangen Sie Gedanken von ihm oder hören sogar eine Stimme im Ohr. Ist Raphael da, können Sie ihn bitten, worum Sie möchten.

ZEICHENRITUAL

Kritzeln Sie auch immer vor sich hin, wenn Sie am Telefon warten müssen? Solche Kritzeleien sind Linien, Bilder und Muster, die wir malen, während wir im Geist ganz woanders sind. Vor vielen Jahren füllte bei einer Veranstaltung ein Mann neben mir eine ganze Seite seines Notizblocks mit einer wunderschönen, sehr detaillierten Zeichnung. Er malte sie nicht bewusst. Sein Unbewusstes schuf sie, während er dem Vortragsredner zuhörte. Seine Zeichnung war so schön, dass ich ihn fragte, ob ich sie haben könne. Er gab sie mir gern und wunderte sich wahrscheinlich, wie ihn überhaupt jemand darum bitten konnte.

Solche Kritzeleien sind eine Spielart des automatischen Schreibens. Beim automatischen Schreiben hält man einen Stift auf einem Blatt Papier und vergisst das Ganze dann, sieht fern oder unterhält sich mit jemandem. Es braucht ein wenig Übung, bis man das richtig gut kann, aber es lohnt die Mühe, weil man so Zugang zu seinem Unbewussten bekommt.

Bei diesem Ritual werden wahrscheinlich keine Worte zustande kommen, aber selbst das gibt es. Bei mehreren Kursteilnehmern von mir entstanden ein, zwei Zeilen Text, der ihre Zeichnungen abrundete.

Schreiben Sie zu Beginn Ihre Gründe auf, warum Sie mit Raphael Kontakt aufnehmen wollen. Vielleicht wünschen Sie sich Heilung für sich selber oder jemand anderen. Vielleicht fühlen Sie sich emotional ausgelaugt oder irgendwie blockiert. Mir hilft es oft, wenn ich meine Gefühle in Form eines Briefes niederschreibe, weil während des Schreibens häufig sehr viel mehr Einzelheiten auftauchen.

Wenn Sie genau wissen, was Sie in der Sitzung wollen, setzen Sie sich mit Block und Stift ruhig hin. Denken Sie an Sinn und Zweck Ihrer Kontaktaufnahme mit Raphael und malen Sie dabei Ihre Kritzeleien auf das Papier. Wahrscheinlich wird es Ihnen so gehen, dass Sie mit Ihrer Aufmerksamkeit zeitweise eher bei der Zeichnung, dann wieder bei Ihren Wünschen und ab und zu vielleicht sogar bei etwas sind, was mit Ihrer ursprünglichen Intention gar nichts zu tun hat. Das ist vollkommen in Ordnung. Schimpfen Sie nicht mit sich, wenn Sie plötzlich feststellen, dass Sie an etwas ganz anderes denken, vielleicht an etwas, was Sie heute oder am nächsten Morgen unbedingt noch erledigen müssen.

Kritzeln Sie so lange vor sich hin, bis Sie das Gefühl haben, dass Sie fertig sind. Vielleicht spüren Sie, wie Raphael Ihnen sagt, dass die Zeit um ist, oder Sie haben einfach das Gefühl, dass Sie jetzt aufhören sollten.

Wenn Sie fertig sind, stehen Sie auf, strecken sich und gehen ein paar Minuten umher. Aus unerfindlichen Gründen habe ich nach diesem Ritual immer Durst, also trinke ich meist ein Glas Wasser, wenn ich mit meiner Kritzelei fertig bin. Lassen Sie mehrere Minuten verstreichen, bevor Sie sich näher ansehen, was Sie produziert haben. Sie werden staunen, was Sie alles entdecken. Womöglich erkennen Sie eine klare Antwort auf Ihre Frage oder Bilder, die Ihnen sagen, wie es für Sie weitergehen kann. Natürlich werden Sie auch Muster sehen, die damit anscheinend gar nichts zu tun haben. Das mag sein, aber verwerfen Sie sie nicht gleich. Es ist sehr gut möglich, dass Raphael aus den Kritzeleien zu Ihnen spricht. Legen Sie die Zeichnungen vierundzwanzig Stunden beiseite und schauen Sie sie dann noch einmal an. Sie werden überrascht sein, dass Dinge, die Sie zuvor kaum bemerkt haben, Sie plötzlich förmlich anspringen.

Achten Sie auf die Symbolik Ihrer Zeichnung.[12] Kreise zum Beispiel symbolisieren Ganzheit und Einheit. Sind auf Ihrer Zeichnung mehrere unterschiedliche Kreise, bedeutet das, dass Sie Ihren

12 Vielleicht erwägen Sie die Anschaffung eines Symbolbuchs zur Deutung Ihrer Kritzeleien. Die Auswahl ist riesig. Besonders verständlich und praktisch finde ich folgendes: Jack Tresidder, *Symbole und ihre Bedeutung. Über 1000 Bilder und Zeichen aus allen Kulturkreisen*, Droemer Knaur 2002

Freiraum brauchen, in dem Sie wachsen und sich weiterentwickeln können. Quadrate symbolisieren Stabilität und Sicherheit. In Ihrer Kritzelei deuten sie darauf hin, dass Sie bereit sind, ein solides Fundament zu errichten und dann darauf aufzubauen. Dreiecke sind interessant, bedeuten Sie doch Visionen, die am Ende von Erfolg gekrönt sind. Sie zeigen, dass Sie Ihren Träumen folgen sollten. Wahrscheinlich finden sich in Ihrer Kritzelei auch ein paar Kreuze. Symbolisch werden sie jedoch nur dann gedeutet, wenn sie für sich stehen und nicht integraler Bestandteil eines größeren Motivs sind. Kreuze sind ein Hinweis auf Beziehungen, Zusammenarbeit und Verbindung zu anderen Menschen. Ein fünfzackiger Stern zeigt, dass Sie behütet und beschützt sind. Auch wenn Sie es nicht bewusst wahrnehmen, achtet Raphael doch gut auf Sie. Spiralen bedeuten Kreativität, Entwicklung und Wachstum. Sie zeigen, dass Sie überkommene Haltungen und Überzeugungen hinter sich lassen und vorwärts gehen.

Wenn Sie eine dieser genannten Eigenschaften entwickeln wollen, dann können Sie zu Beginn Ihrer Kritzelei bewusst das entsprechende Symbol zeichnen. Wenn Sie zum Beispiel einen Lebenspartner suchen, dann beginnen Sie Ihre Zeichnung bewusst mit einem Kreuz. Die meiste Zeit jedoch sollten Sie nicht bewusst darauf achten, was Sie zeichnen, denn Sie wollen ja nicht, dass Ihr Verstand über die wertvollen Erkenntnisse, die Raphael in Ihre Kritzeleien legen kann, einfach hinwegfegt.

Es lohnt sich, die Kritzeleien aufzubewahren, denn sie sind Aufzeichnungen Ihrer Kontakte mit Raphael. Ich datiere sie und hefte sie in einem Ordner ab. Diese Kritzeleien sind etwas Persönliches. Sie werden staunen, was Sie zustande bringen. Deshalb bewahre ich sie nur für mich auf und lasse sie nicht herumliegen, damit andere sie nicht sehen können.

WINDRITUAL

Raphael ist mit dem Element Luft verbunden. Daher können Sie jederzeit über verschiedene Atemtechniken mit Raphael Kontakt aufnehmen. Die folgende Methode entwickelte ich durch Zufall. Ich ging schon immer gern spazieren, besonders auf dem Land. Es ist eine angenehme Art, mir Bewegung zu verschaffen. Ich schnappe frische Luft und kann meine innige Verbindung zur Natur genießen. So komme ich aus dem Haus und bin unerreichbar für das Telefon und andere Ablenkungen. Außerdem ist es eine geeignete Zeit, um Kontakt mit den Engeln aufzunehmen.

Eines Tages ging ich also spazieren und fand mich plötzlich ganz oben auf einer Klippe wieder. Es war nass und windig, und die Brandung am Strand unter mir ging heftig. Ich breitete meine Arme aus und atmete die starken Böen tief ein. Den Regen, der mir wie Nadeln ins Gesicht stach, beachtete ich gar nicht. Wind und Regen waren eine richtige Erfrischung für mich. Dann kam mir in den Sinn, dass Raphael ja mit dem Element Luft verbunden war und dies vielleicht der richtige Moment sein könnte, um mit ihm zu sprechen. Kein Mensch war zu sehen, also schrie ich eine Botschaft an Raphael.

„Erzengel Raphael, Herrscher der Luft, danke, dass du mir eine kleine Kostprobe deiner Macht schenkst. Ich möchte dir sagen, dass ich dir sehr dankbar dafür bin, wie viel du für mich tust. Danke für das Gefühl der Ganzheit und Gemeinsamkeit, das du mir geschenkt hast. Danke für die Gaben der Kreativität, der Fülle und der Heilung. Danke für all das Gute, das du überall auf der Welt tust."

Kaum hatte ich mein Geschrei beendet, bemerkte ich, dass Raphael bei mir war. Ich konnte ihn weder sehen noch hören, doch ich spürte seine Gegenwart. Ich weiß nicht mehr, was ich an jenem Nachmittag noch alles in den Wind geschrien habe, aber als ich wieder nach Hause kam, fühlte ich mich erfrischt und glücklich, voller Freude und Energie.

Das erste Mal war es reiner Zufall, dass ich so etwas tat. Aber inzwischen suche ich mir abgelegene, windige Stellen, wo ich mit Raphael sprechen kann. Nichts könnte einfacher sein. Suchen Sie sich ein geeignetes windiges Fleckchen, an dem Sie ungestört sind, und schreien Sie Ihre Bitte hinaus. Ich muss gestehen, dass ich heute stürmisches Wetter meide, denn es ist durchaus sinnvoll, sich nicht unnötig möglichen Gefahren auszusetzen. Die einzige äußere Bedingung ist eine gewisse Brise, die Raphael symbolisiert. Wenn Sie keine Stelle finden können, wo Sie ganz alleine sind, suchen Sie sich einen geeigneten Platz und sagen Sie Raphael in Gedanken, was Ihnen am Herzen liegt. Das funktioniert genauso gut. Ich habe mit Raphael schon auf einem Hügel gesprochen, mitten unter ganzen Busladungen von Touristen, die alle die Aussicht genießen wollten. Wenn diese mich überhaupt bemerkt haben, dann dachten sie wahrscheinlich, dass ich genau wie sie die Aussicht bewunderte.

VISUALISATIONSRITUAL

Wenn Sie eine ausgeprägte Vorstellungskraft haben, dann wird Ihnen die folgende Methode der Kontaktaufnahme mit Raphael wahrscheinlich besonders gut gefallen. Setzen oder legen Sie sich bequem hin und achten Sie darauf, dass Ihre Arme unverschränkt und die Beine nicht überschlagen sind. Schließen Sie die Augen und atmen Sie mehrmals langsam und tief durch. Entspannen Sie dabei bewusst alle Muskeln in Ihrem Körper.

Wenn Sie vollkommen entspannt sind, visualisieren Sie sich selber in der schönsten Umgebung, die Sie sich nur vorstellen können. Das kann ein Ort sein, an dem Sie tatsächlich einmal waren, Sie können aber auch ein wunderschönes inneres Bild selber erfinden. Was Sie tun, ist vollkommen unerheblich, solange Sie dabei nur vollkommen entspannt sind.

Sehen Sie sich selber in dieser wunderschönen Szenerie und visualisieren Sie dann einen Kreis aus weißem Licht, der vom Himmel herabkommt und Sie mit seinem schützenden Glanz umgibt. Sie fühlen sich sicher, ruhig und voller Glückseligkeit.

Stellen Sie sich nun vor, dass Raphael zu Ihnen kommt. Sie können ihn sich ganz nach eigenem Belieben ausmalen. Etwa als sportlichen jungen Mann ganz in Gelb oder Gold mit Hut und einem Caduceus. In der Mythologie ist der Caduceus der Stab des Götterboten Merkur. Vielleicht hält er eine Phiole mit Medizin in der anderen Hand. Oder vielleicht sehen Sie ihn als Reisenden mit Wanderstab und Trinkflasche. Sie können ihn sich auch so ausmalen wie er dem Tobias erschien, mit einem kleinen Korb mit dem Fisch-Talisman gegen den bösen Geist (Tobias VI, 6-7). Oder vielleicht sehen Sie ihn als mächtigen Engel, mindestens zweieinhalb Meter groß mit riesigen Flügeln. Er könnte stattdessen aber auch sechs Flügel haben, je zwei an Schläfen, Schultern und Fesseln. Sie können ihn sich auch unpersönlich als gelbe oder goldene Lichtkugel vorstellen.

Visualisieren Sie nun, dass Sie aufstehen und ihn begrüßen. Vielleicht reichen Sie einander die Hand oder er nimmt Sie in den Arm. Stellen Sie sich dann weiter vor, dass Sie beide einen Spaziergang machen und dabei über alles reden, was Ihnen am Herzen liegt. Zwischendurch setzen Sie sich vielleicht auch einmal hin, genießen die Schönheit der Landschaft und unterhalten sich dabei weiter. Visualisieren Sie danach, wie Sie beide sich verabschieden. Sie sind gute Freunde geworden, und der Abschied ist herzlich. Sehen Sie sich selbst noch in der wunderschönen Landschaft, nachdem Raphael bereits gegangen ist, und kehren Sie dann langsam in Ihre normale Alltagswelt zurück. Öffnen Sie die Augen, räkeln Sie sich und denken Sie noch ein paar Minuten lang an Ihre wunderschöne Visualisation, bevor Sie aufstehen.

Wenn Sie aufgestanden sind, haben Sie bestimmt mindestens eine Frage zu Ihrem Erlebnis: Haben Sie sich das alles nur ausgedacht oder haben Sie Raphael wirklich erlebt? Diese Frage lässt sich nur schwer beantworten. Fragen Sie sich, ob Sie hilfreiche Antworten auf Ihre Fragen erhalten haben. Wenn dem so war, dann war das Erlebnis wichtig, ganz gleich, ob es nun ein echter Kontakt war oder nicht.

Am besten experimentieren Sie häufiger mit dieser Methode. Vor allem deshalb, weil Sie vielleicht beim ersten oder zweiten Mal Zweifel an der Echtheit des Erlebnisses beschleichen. Aber das lässt nach, je öfter Sie die Übung machen. Selbst wenn beim ersten Mal noch kein wirklicher Kontakt zustande kommt, wächst Ihr Selbstvertrauen doch mit jedem Mal, wenn Sie sie wiederholen, und diese Wiederholung wird Raphael immer eher dazu veranlassen, zu Ihnen zu kommen.

Wenn Sie nun also wissen, wie man mit Raphael Kontakt aufnimmt, dann werden Sie natürlich auch wissen wollen, wie man ihn um Hilfe bittet. Darum geht es im nächsten Kapitel.

3

UM BEISTAND BITTEN

Raphael ist jederzeit bereit, Ihnen zu helfen. Sie brauchen ihn nur darum zu bitten. Es ist allerdings wesentlich besser, Raphael genau zu sagen, was Sie möchten, statt einfach nur um Hilfe zu rufen. Raphael ist mit Kommunikation befasst und wird alles verstehen, was Sie ihm sagen, auch wenn es Ihnen schwer fällt, Ihre Gedanken und Gefühle so klar auszudrücken, wie Sie das gerne möchten.

Manchmal will es kaum gelingen, die Dinge so zu sagen, wie wir sie meinen, besonders dann, wenn wir emotional in der Klemme stecken. Raphael versteht, was Sie sagen wollen, und ist immer bereit, Ihnen die Heilung oder Hilfe zu gewähren, die Sie erbitten.

Ein Freund von mir musste erleben, wie seine Ehe zerbrach. Claude hatte nicht erkannt, dass seine Frau in der Beziehung nicht glücklich war, und deshalb war er vollkommen niedergeschlagen, als sie sagte, sie werde ihn verlassen. Mehrere Monate lang bemitleidete er sich, haderte mit seinem Schicksal und machte alle anderen nur nicht sich selbst für seine Probleme verantwortlich. Endlich erkannte er aber doch, dass er zumindest teilweise am Zerbrechen seiner Ehe mitschuldig war, und wenn er seine Ex-Frau weiterhin hasste, täte er sich selber damit mehr weh als ihr. Er beschloss, Raphael um Heilung zu bitten.

Als erstes erstellte Claude eine Liste all der Dinge, die Raphael für ihn tun sollte. Er wollte emotionale Heilung für sich und seine Ex-Frau. Außerdem wünschte er sich emotionale Heilung für ihre drei gemeinsamen Kinder. Er wollte, dass Raphael ihm half, die Vergangenheit loszulassen, damit er seine innere Ruhe wiederfände. Außerdem wollte er, dass Raphael ihn unterstützte, wieder in Kontakt mit seiner spirituellen Seite zu kommen. Und schließlich wollte er seiner Ex-Frau und den Kindern Liebe schicken und wünschte sich Vergebung für sein Verhalten.

An diesem Punkt setzte er sich mit mir in Verbindung, weil er dachte, das sei vielleicht zu viel auf einmal.

„Sollte ich nicht doch eher nur um eine Sache auf einmal bitten?“, fragte Claude.

Ich erklärte ihm, dass die Erzengel möchten, dass er an Leib und Seele gesund sei und alles in ihrer Macht stehende unternehmen würden, um dafür zu sorgen. Also tat mein Freund genau das Richtige. Raphael würde nur zu gerne alles Notwendige tun, damit mein Freund sein Leben wieder in den Griff bekäme.

Ich sah Claude erst nach fast drei Wochen wieder. Mit ihm war eine schier unglaubliche Veränderung vorgegangen. Die sauertöpfische Miene war verschwunden. Er strahlte, war fröhlich und lachte mehrfach im Verlauf unseres Gesprächs. Er hatte ein Ritual mit allen vier Erzengeln entwickelt und um alles gebeten, worüber wir zuvor gesprochen hatten.

„Das Gefühl des Friedens, das nach dem Ritual über mich kam, war erstaunlich“, erzählte er. „Ich hatte das Gefühl, alle meine Sorgen seien von mir genommen und war mir sicher, dass alles gut würde. Dann war es plötzlich, als öffneten sich in mir Schleusentore, und ich weinte eine Dreiviertelstunde lang. Ich habe seit meiner Kindheit nicht mehr geweint und war zuerst ganz schön schockiert, als es begann. Aber es hörte so plötzlich wieder auf, wie es begonnen hatte, und sofort ging es mir besser. Das war nicht bloß subjektiv. Am nächsten Tag sagten mir mehrere Leute bei der Arbeit, wie gut ich aussähe.“

Ich freute mich sehr, dass es meinem Freund so viel besser ging und versicherte ihm, dass Raphael sich um alle seine Probleme kümmern würde. In den darauffolgenden Wochen erlebte er, dass er seine Kinder an den Wochenenden abholen konnte, ohne gleich mit seiner Frau in Streit zu geraten. Nach und nach wurde alles leichter. Er sprach regelmäßig mit Raphael. Seine Beziehung zu seiner Ex-Frau und den Kindern verbesserte sich zusehends, und mit der Zeit konnte er sich sogar nett mit seiner Ex-Frau unterhalten, ohne dass Spannungen entstanden oder Streit aufkam.

Claude hielt mich über die Ereignisse auf dem Laufenden, und dennoch war ich überrascht, als ich erfuhr, was als Nächstes geschah. Er bat Raphael, ihm bei der Suche nach einer neuen Partnerin zu helfen. Er machte eine Liste mit allen Eigenschaften, die er sich von einer künftigen Partnerin wünschte, und las diese allen vier Erzengeln vor.

Drei Tage danach wurde er zu einer Party eingeladen und begegnete dort einer Frau, die vor etlichen Jahren seine Kollegin gewesen war. Am darauffolgenden Tag verabredeten sie sich zum Kaffee und wurden schon bald ein Paar. Claude staunte selbst, wie schnell sich seine Beziehung entwickelte.

„Den einen Tag bitte ich Raphael um Hilfe, und schon wenige Tage später wache ich auf und bin total verliebt in eine schöne Frau, die alles hat, was ich gesucht habe. Ich kann kaum glauben, dass so etwas möglich ist."

Normalerweise brauchen die Engel ein Weilchen, bis sie Ihnen geben können, worum Sie gebeten haben. Aber Claude war äußerst präzise gewesen. Er wusste ganz genau, was er wollte und bat exakt darum. Claude schmiedet Hochzeitspläne und ist zuversichtlich, dass es dieses Mal gut geht.

„Ich habe aus meiner früheren Ehe so viel gelernt", sagte er mir. „Ich bin reifer geworden. Ich glaube, ich bin heute ein ganz anderer Mensch als der, der ich früher war. Ich habe die perfekte Frau gefunden, und jetzt, wo Raphael bei uns ist, könnte die Zukunft nicht rosiger aussehen."

Angela ist fünfundvierzig Jahre alt und ehemalige Lehrerin. Im Augenblick macht sie eine Ausbildung zur Heilpraktikerin. Dazu bat sie Raphael um Hilfe.

„Nun ja, schließlich ist er der göttliche Arzt“, betonte sie. „Ich habe festgestellt, dass ich mit seiner Hilfe sehr viel schneller lernen und mir den Stoff viel besser aneignen kann, als je zuvor. Haben Sie schon gewusst, dass Raphael sich um alle, die lernen müssen, genauso kümmert wie um die Kranken? Auch um Kreativität“, fügte sie hinzu, noch bevor ich antworten konnte.

„Wie haben Sie ihn denn um Hilfe gebeten?“, fragte ich.

Angela lachte. „Ich habe ein ganzes Weilchen gebraucht, bis ich auf den Trichter kam, Raphael um Hilfe zu bitten. Erst als die Tests zu schwer wurden, kam ich auf die Idee, ihn zu bitten. Aber dann war es ganz einfach. An einem bestimmten Abend meditierte ich und bat ihn dann, zu mir zu kommen. Als er gekommen war, berichtete ich ihm von meinem Problem und sagte, dass ich Hilfe bräuchte. Er war einverstanden, und wir fingen gleich an. Jetzt ist er jedes Mal bei mir, wenn ich lerne. Ich frage ihn alles, was ich nicht ganz verstehe. Er ist mir eine riesengroße Hilfe bei meiner Ausbildung, und er hat mir bereits zugesichert, dass er mir auch bei meinen Patienten helfen wird, wenn ich meine Praxis eröffne.“

Laurence ist sechzehn Jahre alt und Schüler. Er rief Raphael um Hilfe an, damit er in der Schule besser würde.

„Ich konnte mich nicht konzentrieren, sagte er mir. „Ich saß im Unterricht, und der Lehrer sagte etwas, aber in Gedanken war ich ganz woanders. Das ging mir schon immer so. Die Leute sagen, ich sei ein Träumer, weil ich sogar mitten im Gespräch plötzlich in meine eigene Welt abtauchen kann. Meine Schwester hat mich auf die Engel gebracht. Sie hat sich mit dem ganzen Zeug beschäftigt, und sie sagte mir, ich sollte Raphael um Hilfe bitten. Ich hielt sie für übergeschnappt, aber irgendwann holten mich meine schlechten

Noten ein, und dann habe ich es halt doch gemacht. Ich las ein paar Bücher von ihr und ging dann runter an den Strand und rief Raphael. Ich hätte nie gedacht, dass irgendetwas passieren würde, und als er dann tatsächlich kam, war ich total platt. Wir haben uns lange unterhalten – in Gedanken, nicht laut – und er sagte, er würde mir helfen. Mich hat das Ganze derartig überrascht, dass ich keinem etwas davon gesagt habe. Aber es hat trotzdem funktioniert. Ich konnte mich in der Schule mehr konzentrieren und wurde viel besser als vorher. Seither bin ich regelmäßig mit Raphael in Kontakt und werde immer besser in der Schule. Ich weiß immer noch nicht, welche Fächer ich im College belegen soll, aber auch dabei hilft mir Raphael."

Diese Beispiele zeigen, dass Raphael bereit ist, uns zu helfen, wann immer wir Hilfe benötigen. Wir brauchen nur Verbindung mit ihm aufzunehmen, das Problem so klar wie möglich zu erklären, zu sagen, welche Hilfe wir wollen und dann alles ihm zu überlassen. Raphael stellt uns häufig Fragen, die uns zu gründlichem Nachdenken zwingen und auf die wir unsere eigenen Antworten finden müssen. Im Folgenden ein Beispiel:

Kirsten wollte Künstlerin werden. Beide Eltern arbeiteten als freie Künstler für Werbeagenturen, und Kirsten hatte dasselbe Berufsziel. Im College jedoch stellte sie fest, dass sie zwar gerne malte, aber damit nicht so glücklich wurde, wie sie sich das vorgestellt hatte. Sie bat Raphael um Hilfe.

Mehrere Wochen lang kommunizierte Kirsten täglich mit Raphael. Sie erzählte ihm, so gut sie konnte, über sich und ihr Leben und ihren Wunsch, Künstlerin zu werden. Sie füllte ihr ganzes Zimmer mit Beispielen ihrer Kunst, damit Raphael sehen konnte, wie sie malte.

Schließlich fragte Raphael sie, warum sie Künstlerin werden wollte. Kirsten fiel die Antwort schwer. Sie dachte mehrere Minuten lang darüber nach und sagte dann, dass sie wohl eine natürliche Begabung dafür habe und ihre Eltern bereit seien, ihr dabei zu helfen, damit sie auf dem Markt Fuß fassen könne.

Raphael fragte sie, ob das denn ausreiche. „Wo bleibt die Begeisterung?“, fragte er. Da musste Kirsten zugeben, dass das genau der Grund war, warum sie ihn um Hilfe gebeten hatte.

„Ich zeichne und male gerne“, sagte sie ihm. „Ich bin richtig gut darin, und den Leuten gefällt, was ich mache. Aber mir fehlt das gewisse Etwas. Du hast völlig Recht: Es fehlt die Begeisterung.“

„Wärest du denn glücklich, wenn du dein ganzes Leben lang Anzeigen gestalten würdest?“

Kirsten dachte ein Weilchen darüber nach und schüttelte dann den Kopf: „Nein, ich glaube nicht.“

„Was möchtest du wirklich?“, fragte Raphael.

Kirsten musste zugeben, dass sie nicht die geringste Ahnung hatte. In ihren regelmäßigen Sitzungen mit Raphael besprachen sie verschiedene Möglichkeiten. Eines Tages sagte sie ihm, dass sie gerne Kurzgeschichten verfasste und ihrem kleinen Cousin zum Geburtstag sogar ein richtiges Büchlein geschrieben und illustriert hatte.

„Raphael lächelte“, erzählte sie mir. „Und dann durchlief mich ein seltsamer Schauer. Da wusste ich, dass ich herausgefunden hatte, was ich tun sollte.“

Heute ist Kirsten auf dem besten Wege, ihren Traum wahr zu machen. Zwei Tage pro Woche arbeitet sie in einer Werbeagentur. In der übrigen Zeit schreibt und illustriert sie Bücher für Kinder und Jugendliche. Ihre Bücher werden immer erfolgreicher, und sie will schon bald ihre Stelle in der Werbeagentur aufgeben. Sie hat die Tätigkeit gefunden, die sie wirklich begeistert und schreibt dies Raphael zu.

„Sogar als ich das kleine Buch für meinen Cousin bereits geschrieben hatte, war mir immer noch nicht klar, dass das genau das war, was ich tun sollte“, erzählte sie mir. „Es war eine totale Überraschung, als Raphael mir zeigte, wo wirklich für mich der Weg lag. Er befand sich die ganze Zeit direkt vor meiner Nase, aber ich hatte ihn einfach nicht gesehen. Ohne Raphael ginge es mir auch ganz gut, glaube ich, aber ich hätte halt nur einen Job. Ich bin ihm so dankbar. Ich danke ihm jeden Tag.“

Weil Raphael so offen und hilfsbereit ist, könnte man versucht sein, ihn zu allem zu fragen, was einem im Leben so begegnet. Aber das sollten Sie lieber bleiben lassen. Nehmen Sie Ihr Leben selbst in die Hand. Kommunizieren Sie regelmäßig mit Raphael und bitten Sie ihn um Hilfe, wann immer sie welche benötigen – aber werden Sie nicht abhängig. Ihre Beziehung zu Raphael wächst mit jedem Mal, wenn Sie Kontakt mit ihm aufnehmen. Im nächsten Kapitel erfahren Sie, wie Sie sich täglich mit ihm in Verbindung setzen können.

4

KONTAKT MIT RAPHAEL TAG FÜR TAG

Erzengel sind sehr beschäftigt und die meiste Zeit mit Aufgaben von solch weitreichender Bedeutung befasst, dass es unser Verständnis deutlich übersteigt. Deshalb ist es nicht gut, wenn wir sie wegen unbedeutender Probleme rufen, die wir leicht selber lösen können.

Raphael ist die einzige Ausnahme von dieser Grundregel. Als der Erzengel der ganzen Menschheit kümmert er sich um viele Bereiche, die uns täglich berühren, wie emotionale Heilung, Wachstum, Liebe, Lernen, Kreativität und Reisen. Wenn jemand grob oder unfreundlich zu Ihnen ist, bedürfen Sie vielleicht auf der Stelle emotionaler Heilung. Wenn Sie Ihren finanziellen Verpflichtungen nicht mehr nachkommen können, dann sollten Sie ihn auf jeden Fall zum Thema *Fülle* anrufen. Wenn Sie einen Partner oder eine Partnerin suchen oder einander in einer bestehenden Beziehung wieder näherkommen wollen, rufen Sie Raphael zum Thema *Liebe* an. Wenn Sie beruflich eine neue Position übernommen haben, dann können Sie Raphael um *Hilfe beim Erlernen* Ihrer neuen Aufgaben bitten. Wenn Sie einen weiten Weg zwischen Wohnung und Arbeitsstätte haben, dann wünschen Sie sich vielleicht Raphaels *Hilfe für Reisende*. So mag es jeden Tag die verschiedensten Gründe geben, mit ihm Kontakt aufzunehmen.

Deshalb ist es gut, wenn Sie ein kleines Ritual haben, mit dem Sie ein oder zwei Minuten lang mit Raphael Verbindung aufnehmen können, wann immer dies nötig sein sollte. Dazu gibt es viele Möglichkeiten.

Bei der einfachsten und direktesten Methode schließen Sie einfach die Augen und sagen: „Raphael, ich brauche jetzt deine Hilfe." Diese Methode ist höchst effektiv, aber man sollte sie nur im Notfall anwenden.

Ich empfinde die Methode als besonders hilfreich, bei der man ein Amulett mit Bezug zu Raphael bei sich trägt. Wenn ich Raphaels Hilfe oder Führung suche, berühre ich sachte mein Amulett, denke an das Problem und warte, bis mir die Antwort in Gedanken eingegeben wird. Amulette verwendet man normalerweise zum Schutz, und auf diese Weise wird Sie Ihr Raphael-Amulett ebenfalls beschützen.

Als Amulett können Sie nehmen, was Sie möchten. Einzige Bedingung ist, dass es eine Beziehung zu Raphael hat. Ein schöner Gegenstand in Gold, Gelb, Blau, Grün oder Rosa wäre perfekt. Ich verwende einen kleinen Aventurin (ein grüner Edelstein). Er wird in der Edelsteinheilkunde eingesetzt, und ich finde, es wirkt ausgesprochen entspannend und beruhigend, wenn man ihn in der Hand hält. Eine meiner Kursteilnehmerinnen verwendet ein Mini-Buch als Talisman, weil es sie an Raphaels Rolle bei Lernen und Kreativität erinnert. Eine andere hat eine winzige Feder, die sie mit Raphaels Flügeln und seinem Interesse am Reisen verbindet. Viele Leute verwenden einen Bergkristall, um mit Raphael Kontakt aufzunehmen. Er schenkt Energie, baut Stress ab, entspannt die Seele und kann auch zur Kontaktaufnahme mit den Engeln verwendet werden. Für viele ist er der Stein der Wahl, aber ich habe lieber etwas, was einen konkreteren Bezug zu Raphael hat.

Sobald Sie in eine schwierige Lage kommen, halten, berühren oder reiben Sie Ihr Amulett und denken Sie an das Problem. Versuchen Sie dabei, die Sache in Gedanken zu klären. Meist erhalten Sie eine Antwort von Raphael, ohne dass Sie ihn extra rufen müssen; denn er erfährt bereits von Ihrer Situation, wenn Sie Ihr Amulett berühren.

Es mag aber Momente geben, in denen Sie dringend Hilfe benötigen und so verzweifelt sind, dass Sie ihn rufen möchten. In einer solchen Situation sollten Sie Ihr Amulett berühren und still für sich oder laut sprechen: „Raphael, bitte komm zu mir. Ich brauche deine Hilfe." Er steht Ihnen dann sofort mit Rat, Tat und Hilfe zur Verfügung.

Weil Raphael so hilfsbereit ist, ist man leicht geneigt, ihn ständig anzurufen. Aber dieser Versuchung sollten Sie widerstehen, denn Sie möchten ja nicht für jegliche Hilfe und Unterstützung von ihm abhängig werden. Sie werden sich in dieser Inkarnation nicht weiterentwickeln, wenn Sie nicht zumindest versuchen, Ihre Probleme selbst zu lösen. Raphael ist stets bereit und willens, Ihnen zu helfen, aber es ist immer besser, wenn Sie zuerst alles in Ihrer Macht Stehende versuchen, bevor Sie um Hilfe bitten.

Sie können Ihr Amulett auch dazu benutzen, Raphael für alles, was er für Sie tut, zu danken. Berühren Sie Ihr Amulett und senden Sie ihm ein stilles Dankgebet. Wenn Sie ihm auf diese Weise danken, erhalten Sie meist eine positive Antwort von ihm. Vielleicht spüren Sie seine Gegenwart oder es überkommt Sie ein Gefühl der Geborgenheit. Aber selbst wenn dies nicht der Fall sein sollte, wird es Ihnen einfach gut tun. Jeder, auch ein Erzengel, mag es, wenn er geschätzt wird. Wenn Sie möchten, danken Sie Raphael mehrmals täglich.

Eine andere Methode, jeden Tag mit Raphael Kontakt aufzunehmen, baut auf seinem Interesse an der Heilung der Erde auf. Immer, wenn Sie etwas besonders Schönes oder Beeindruckendes in der Natur sehen, können Sie Raphael dafür danken, dass er sich um den Planeten kümmert. Sagen Sie ihm, dass Sie das Ihre dazu beitragen werden, diese Welt für ihre Bewohner und für künftige Generationen ein wenig schöner zu machen.

Vielleicht sammeln Sie dazu einfach etwas Müll auf, den irgendwer, der vor Ihnen an dieser Stelle war, hat liegen lassen, oder Sie bringen einen verwahrlosten Platz wieder in Ordnung. Sie werden dabei Raphaels Gegenwart spüren und obendrein das gute Gefühl haben, etwas für die Umwelt zu tun. Stellen Sie sich einmal vor, wie anders diese Welt aussähe, wenn jeder, immer wenn er oder sie draußen ist, ein Stückchen herumliegenden Müll aufhöbe. Immer, wenn Sie so etwas tun, helfen Sie Raphael, die Erde zu heilen. Wenn Sie erst einmal angefangen haben, dies bewusst und mit Liebe zu tun, werden Sie bald feststellen, dass Sie wie von selbst mit Raphael kommunizieren und er stets ganz nahe bei Ihnen ist.

TÄGLICHE MEDITATION MIT RAPHAEL

Mit dieser schönen Meditation können Sie Ihre Verbindung zu Raphael von Tag zu Tag intensivieren. Diese Übung können Sie jederzeit und überall machen. Bessere Ergebnisse erzielen Sie allerdings, wenn Sie, wenn irgend möglich, immer am selben Platz und täglich annähernd zur selben Uhrzeit meditieren. Natürlich wird das nicht immer möglich sein. Ich mache diese Meditation am liebsten an meinem heiligen Platz, aber weil ich häufig unterwegs bin, kann ich das nicht immer. Wenn ich nicht zu Hause bin, meditiere ich meistens abends im Bett.

Legen Sie sich bequem hin. Gönnen Sie sich ein paar Minuten, um sich so weit wie möglich zu entspannen. Wenn Sie sich völlig entspannt fühlen, visualisieren Sie schützendes weißes Licht um sich herum. Werden Sie Teil dieses weißen Lichtes, so dass jede Zelle Ihres Körpers von seiner heilenden, schützenden Energie erfüllt ist. Spüren Sie, wie Sie eins werden mit dieser schönen göttlichen Energie und erkennen Sie, dass Sie mit allem, was lebt, verbunden sind.

In diesem Stadium verspüren Sie in jedem Körperteil Frieden und Ruhe. Bitten Sie Raphael im Stillen, zu Ihnen zu kommen. Bleiben Sie dann ruhig liegen und genießen Sie das Gefühl, Teil des weißen Lichtes zu sein.

Nach ein oder zwei Minuten werden Sie Raphael vor Ihrem inneren Augen sehen. Meiner Erfahrung nach sieht ihn jeder Mensch etwas anders. Er könnte lange Gewänder und große Flügel tragen. Vielleicht erscheint er auch als Reisender mit einem großen Stock. Oder aber Sie sehen nur sein Gesicht und sonst nichts. Vielleicht spüren Sie auch nur ganz deutlich, dass er da ist, sehen aber nichts vor Ihrem inneren Auge.

Lassen Sie sich an Körper und Seele von seiner mächtigen Energie beleben und stärken. Danken Sie ihm für alles, was er für Sie tut. Sprechen Sie kurz mit ihm, wenn Sie mögen. Weil diese Übung aber als regelmäßige, tägliche Verbindung mit Raphael gedacht ist, ist dies nicht die Zeit, ihn um Hilfe zu bitten. Verwenden Sie dazu eines der anderen Rituale. Genießen Sie diese kurzen Momente mit Raphael. Nach einigen Minuten verblasst er im weißen Licht und verschwindet.

Öffnen Sie jetzt nicht gleich die Augen. Verweilen Sie noch ein paar Minuten in der Ruhe, dem Frieden und der Entspannung, die das reine weiße Licht schenkt. Wenn Sie bereit sind, die Übung zu beenden, dann atmen Sie tief ein und mit einem hörbaren Seufzer wieder aus. Öffnen Sie die Augen und wenden Sie sich wieder Ihrem normalen Tagesablauf zu.

Diese tägliche Kommunikation mit Raphael ist eine ausgezeichnete Methode, Ihre Verbindung zu ihm zu stärken. Im nächsten Kapitel werfen wir einen Blick auf die erstaunliche Kraft des Pentagramms, das Raphael König Salomo gab.

5

DAS SALOMONSSIEGEL

Eine der berühmtesten Geschichten über Raphael erzählt davon, dass Gott ihn bat, König Salomo einen ganz besonderen Ring zu bringen, damit dieser seinen Tempel bauen könne. Dieser Ring war mit mächtigen Zaubersteinen besetzt, und in das Siegel war ein Pentagramm geprägt, das Salomo Macht über Geister gab.

Das Pentagramm ist ein fünfzackiger Stern und gilt seit mindestens fünftausend Jahren als Glücks- und Schutzzeichen. Weil es in einer ununterbrochenen Linie gezeichnet wird, soll es die Verbundenheit von allem mit allem bezeichnen. Manchmal wird es auch als „der endlose Knoten" beschrieben, weil es symbolisch Energien binden kann, die sich normalerweise unserer Kontrolle entziehen.

Den alten Sumerern galt es als Symbol der vier Enden der Erde und des Himmels. Sie verwendeten es als Schutzamulett, das seinen Träger vor dem Einfluss des Bösen behütete. In der magischen Symbolik stehen die fünf Zacken für die vier Elemente plus den Geist oder das Göttliche. Wie nicht anders zu erwarten, wurde das Pentagramm wegen seiner Verbindung zu Raphael, dem Erzengel der Heilung, zum Heilungssymbol, und bis noch vor vergleichsweise kurzer Zeit warben die Apotheker damit für ihre Waren. Die Gattin von König Heinrich IV. von Frankreich besaß ein Amulett mit einem Pentagramm, das sie stets bei sich trug. Sie war überzeugt, dass ihre ausgezeichnete Gesundheit unmittelbar damit zusammenhing.[13]

Der griechische Schriftsteller Lukian schrieb, dass Pythagoras und seine Anhänger der Gesundheit höhere Bedeutung beimaßen als der Freude oder dem Wohlergehen. Dies deshalb, weil die letzteren beiden oft auf dem Fuße folgten, wenn der Mensch sich einer guten Gesundheit erfreue. Freude und Wohlergehen alleine jedoch können nicht für gute Gesundheit sorgen. Die Pythagoräer verwendeten das Pentagramm als ihr Kennzeichen und nannten es „Gesundheit".[14] Pythagoras mahnte seine Anhänger ständig, das Gleichgewicht zwischen Seele und Körper zu wahren, und sie erstrebten ein ausgeglichenes, gesundes Leben.

Das Pentagramm entstand in Babylon und verbreitete sich rasch über die ganze antike Welt. Der bei Kapernaum ausgegrabene, auf das dritte Jahrhundert unserer Zeitrechnung datierende Fries einer Synagoge enthält sowohl Pentagramme als auch Hexagramme.[15] In einem Grab in Marissa wurden Graffiti mit Pentagrammen und Hexagrammen gefunden, die bis ins Jahr 200 v. Chr. zurückdatieren.[16]

Das Pentagramm fand sich auch auf vielen griechischen Münzen, vom fünften Jahrhundert vor unserer Zeitrechnung bis etwa um 300 nach Christus. Da unwahrscheinlich ist, dass das Pentagramm auf Münzen zu rein dekorativen Zwecken verwendet wurde, sollte es wahrscheinlich das Böse abwehren.

---

13 Deborah Lippman und Paul Colin, *How to Make Amulets, Charms and Talismans: What They Mean and How to Use Them*, M. Evans and Company, New York 1974.

14 J. Schouren, *The Pentagram as a Medical Symbol*, De Graaf, Nieuwkoop, Niederlande, 1968.

15 R. E. Goodenough, *Jewish Symbols in the Greco-Roman Period, Volume 1: The Archeological Evidence from Palestine. (13 Bände), Pantheon Books, New York 1953*

16 R. E. Goodenough, *Jewish Symbols in the Greco-Roman Period, Volume 1: The Archeological Evidence from Palestine.*

In der gesamten Geschichte wurde das Pentagramm immer wieder zur Abwehr böser Geister und zur Förderung der geistigen und körperlichen Gesundheit verwendet. Im Mittelalter malte oder ritzte man Pentagramme auf Wände, Türen, Betten und Haushaltsgegenstände, um Unglück abzuwenden. Auch in der christlichen Symbolik tauchte es auf, was schon die schiere Anzahl der in Kirchen gefundenen Pentagramme zeigt. In dieser Form symbolisierte es die fünf heiligen Wunden Christi.

Für Cornelius Agrippa von Nettesheim (1486-1535) zeigte das Pentagramm die Harmonie zwischen Mikrokosmos und Makrokosmos. In seiner Schrift *De Occulta Philosophia* schrieb er, das Pentagramm enthülle die perfekte Synthese der menschlichen Gestalt.[17] Cornelius Agrippa lehrte außerdem, Antiochos habe in einer Offenbarung ein Symbol erhalten, das ein Pentagramm in vier Kreisen zeige, was Gesundheit bedeute.[18] Er verwendete es als Schutzamulett in der Schlacht gegen die Galater, aus der er als Sieger hervorging.

Wegen seines engen Bezugs zur Gesundheit wählte sich die Zunft der Chirurgen in Gouda, in ihrem Gründungsjahr 1660, das Pentagramm zu ihrem Emblem. Die Zunfthalle datiert aus dem Jahr 1699 und ist bis heute als Teil des „Catherina-Gasthuis", des Gemeindemuseums im niederländischen Gouda, erhalten. Besucher staunen immer wieder über die enorme Zahl der Pentagramme, die dort zu sehen sind. Buchstäblich alles, vom Kissen bis zur Schranktür, enthält Pentagramme.

Auch wenn es nicht immer gesagt wird, ein Teil des Interesses an Pentagrammen ist das Verdienst Raphaels und des kostbaren Rings, den er einst Salomo übergab. Das Pentagramm verbreitete

17 Heinrich Cornelius Agrippa von Nettesheim, *De Occulta Philosophia, Drei Bücher über die Magie*, ohne Verlagsangabe, 1987. Als gekürzte einbändige Ausgabe bei Reichl, 1967.

18 a.a.O.

sich über die ganze Welt, und Beispiele fanden sich sogar in Indien, China, Mexiko und Peru.

Das Pentagramm ist ein Zeichen der weißen oder guten Magie, wenn es mit einer Spitze nach oben und zwei Spitzen nach unten zeigt. In dieser Form wird es zuweilen auch „Druidenfuß" genannt. Zeigen zwei Spitzen nach oben und eine nach unten, ist es ein Zeichen der schwarzen oder negativen Magie. So symbolisiert es die Hörner des Teufels und wird auch als der „Bocksfuß" bezeichnet.

Das Wort Pentagramm geht auf das Griechische „penta" für „fünf" zurück. Für die Pythagoräer war fünf eine wichtige Zahl. Haben Sie sich schon einmal gefragt, weshalb wir vor dem Trinken miteinander anstoßen? Die Pythagoräer glaubten, dass man, um eine Sache voll und ganz zu genießen, stets alle fünf Sinne gebenötigen sollte. Wein konnte man riechen, schmecken, sehen und fühlen; hören aber konnte man ihn erst, als man auf die Idee kam, die Gläser aneinander zu stoßen.

Die Fünf war wichtig, denn sie ist die Summe der beiden mystischen Zahlen zwei und drei. Für Diodorus Siculus (1. Jh. v. Chr.) war die Fünf bedeutend als „die Verbindung der vier Elemente mit dem Äther."[19] Sie ist die zentrale Zahl in einem magischen Quadrat mit drei Reihen und Spalten. David schlug Goliath mit fünf glatten Steinen. Joseph gab Benjamin fünf Gewänder. Und Joseph stellte nur fünf seiner Brüder dem Pharao vor. Es gab fünf kluge und fünf törichte Jungfrauen. Jesus speiste die Fünftausend mit fünf Laib Brot und zwei Fischen. Fünfmal kündigte er seine Passion an, und fünf Wunden wurden ihm zugefügt.

Im alten Rom zündete man bei Hochzeiten fünf Wachskerzen an und richtete besondere Gebete an fünf Gottheiten: Diana, Juno, Jupiter, Pitho und Venus. Die Gäste wurden in Gruppen zu je fünfen eingelassen.

---

19 Diodorus, zitiert in W. Wynn Scott, *Numbers: Their Occult Power and Mystic Virtues*, The Theosophical Publishing House Limited., London 1890

In der Magie steht das Pentagramm für die universelle Lebenskraft, welche die Elemente Feuer, Erde, Luft und Wasser beherrscht. Die oberste Spitze des Pentagramms bezeichnet eben jenen Geist oder die universelle Lebenskraft. Die linke obere Spitze steht für Luft, die rechte obere Spitze für Wasser. Die linke untere Spitze repräsentiert Erde, die rechte untere Spitze Feuer.

Das Pentagramm findet in einer ganzen Reihe magischer Rituale Verwendung. Man könnte sie sogar als die Ecksteine der westlichen Magie bezeichnen, sind sie doch die verbreitetsten Rituale überhaupt.

MIT DEM PENTAGRAMM SCHÜTZEN

Dies ist ein einfaches Ritual, das man immer dann durchführen kann, wenn man einen Gegenstand mit Raphaels Schutz umgeben will. Strecken Sie dazu Zeige- und Mittelfinger Ihrer dominanten Hand und halten Sie Ringfinger und kleinen Finger mit dem Daumen fest. Wenn Sie als Kind Cowboy und Indianer gespielt haben, dann war diese Fingerhaltung wahrscheinlich Ihr „Gewehr“.

Zeichnen Sie nun über dem Gegenstand, den Sie schützen möchten, ein Pentagramm in die Luft. Beginnen Sie dieses spezielle Pentagramm an der rechten unteren Spitze (Feuer), ziehen Sie eine Linie zur obersten Spitze (universelle Lebenskraft), von dort zur linken unteren Spitze (Erde), nach oben zur rechten oberen Spitze (Wasser), hinüber zur linken oberen Spitze und zum Schluss wieder nach unten zum Feuer.

Visualisieren Sie dabei sich selbst und den Gegenstand, den Sie schützen, als von reinem weißen Licht umgeben. Sie können sich vorstellen, dass Sie das Pentagramm in einem strahlend lilafarbenen Licht ziehen, das dauerhaft über dem geschützten Gegenstand schwebt.

Der Gegenstand ist nun behütet. Ein solches schützendes Pentagramm können Sie über alles und jeden legen. Sie können Familienmitglieder und gute Freunde mit dieser Technik vor Negativem abschirmen. Sind die betreffenden Personen nicht da, können Sie das Pentagramm über ihrem Foto zeichnen. Stattdessen können Sie aber auch Ihren Namen auf ein Blatt Papier schreiben und das Pentagramm darüber ziehen. So ist dafür gesorgt, dass Raphael sie behütet, wo sie auch sein mögen.

Eine meiner Bekannten hatte jede Verbindung zu ihrer Tochter verloren. Sie war noch ein Teenager, und meine Bekannte hatte nicht die geringste Ahnung, wo sie sein könnte. Jeden Tag zog sie das Pentagramm über dem Foto ihrer Tochter. Sie machte ein richtiges kleines Ritual daraus und vollzog es jeden Tag um dieselbe Zeit. Am Ende des Rituals dankte sie Raphael jedes Mal für seine Hilfe, jetzt, da sie diese wirklich benötigte. Als ihre Tochter schließlich wieder nach Hause kam, erzählte sie ihrer Mutter, dass sie sich die ganze Zeit über wohlbehütet gefühlt und jeden Tag genau um die Zeit, zu der ihre Mutter ihr Ritual durchführte, an sie gedacht habe.

MIT DEM PENTAGRAMM NEGATIVITÄT ABWENDEN

Mit dem Pentagramm können Sie auch Stress oder Negativität um Sie herum beseitigen. Für dieses Ritual sollten Sie fünf dunkelblaue Kerzen verwenden.

Ziehen Sie zuerst einen Schutzkreis für sich. Er sollte einen Durchmesser von etwa zwei Metern haben. Stellen Sie die fünf Kerzen im Kreis auf, und zwar je eine an jede Spitze eines imaginären Pentagramms. Zünden Sie die Kerzen an und setzen Sie sich in die Mitte Ihres magischen Kreises.

Visualisieren Sie ein schützendes weißes Licht um sich herum. Stellen Sie sich nun vor, wie die Kerzen sich zu einem großen Pentagramm verbinden. Wenn Sie das klar vor sich sehen, konzentrieren Sie sich auf das, was die Negativität für Sie verursacht. Sehen Sie es vor sich, spüren Sie es und erleben Sie es in Gedanken nach. Sagen Sie sich, dass Sie sich von dieser Sache nunmehr trennen. Sie bindet Sie, entzieht Ihnen Energie und hält Sie davon ab, das zu tun, was Sie wirklich tun möchten. Vielleicht steigen Wut, Schmerz oder Trauer in Ihnen auf, wenn Sie diese Dinge noch einmal nacherleben. Das ist gut, denn wenn Sie damit fertig sind, können Sie Raphael anrufen, um die negativen Energien zu bannen.

Dies tun Sie, indem Sie ihn um Hilfe bitten. Ich tue das am liebsten laut, aber Sie es können es auch im Stillen tun, wenn Sie möchten. Sie können zum Beispiel sagen: „Mächtiger Raphael, ich brauche Heilung wegen der Negativität, die mich umgibt. Bitte komme mir zu Hilfe und vernichte alle negativen Kräfte, die auf mich einwirken." Erzählen Sie ihm dann ganz genau, was geschehen ist und warum Sie sich vor dieser Negativität befreien möchten. Bleiben Sie danach noch für kurze Zeit still sitzen. Vielleicht erhalten Sie eine direkte Antwort von Raphael, vielleicht aber auch nicht. Er könnte Ihnen etwa einen Gedanken eingeben, dass alles gut werden wird. Unabhängig davon, ob eine solche Antwort kommt oder nicht, danken Sie ihm aufrichtig für seine Hilfe.

Löschen Sie dann die Kerzen, beginnend mit derjenigen an der oberen rechte Spitze (Wasser) und dann weiter im Uhrzeigersinn. Als zweite Kerze löschen Sie also die, die das Feuer symbolisiert, dann Erde, Luft und Universelle Lebenskraft.

Setzen Sie sich nun wieder in die Mitte Ihres Schutzkreises und lassen Sie die heilenden Energien regenerierend auf Körper, Geist und Seele wirken. Wenn Sie bereit sind, stehen Sie auf und begeben Sie sich wieder an Ihre normale Tätigkeit.

Meist genügt es, dieses Ritual nur ein einziges Mal durchzuführen. In besonders problematischen Fällen müssen Sie es allerdings vielleicht mehrfach wiederholen.

DAS ANRUFENDE UND DAS BANNENDE PENTAGRAMM-RITUAL

Die beiden wichtigsten Pentagramm-Rituale sind das Anrufende und das Bannende Pentagramm-Ritual. Der „Hermetische Orden des Golden Dawn“ empfahl seinen Mitgliedern, am Morgen das Anrufende und am Abend das Bannende Ritual zu vollziehen. Das Bannende Ritual ist das wichtigere der beiden, denn es bannt unerwünschte feinstoffliche Energien. Deshalb wird es gewöhnlich am Beginn und am Ende einer magischen Zeremonie vollzogen. Nach dem Bannenden kann das Anrufende Ritual durchgeführt werden, um spirituelle Energie herabzuleiten und neu auszurichten. Beide Rituale werden zum Schutz angewandt. Außerdem eliminieren sie Negativität und reinigen den Raum, in dem sie vollzogen werden.

Es gibt mehrere Versionen dieser Rituale. Alle gehen auf die Original-Rituale des „Golden Dawn“ zurück, der Ende des 19. Jahrhunderts seine Blütezeit hatte. Die Version, die ich hier erkläre, ist direkter als das Original und leicht nachzuvollziehen.

Zu den wichtigsten Aspekten jedes Rituals gehört die Visualisation. Je besser Sie visualisieren können, desto stärker die Wirkung des Rituals. Bei diesem Ritual müssen Sie sich die vier Erzengel vor Ihrem inneren Auge vorstellen, wie in vorangegangenen Kapiteln bereits erwähnt. Manche sehen sie klar und deutlich. Andere wiederum „sehen“ überhaupt nichts, spüren aber ihre Gegenwart. Jeder Mensch ist anders, und so wie Sie die Erzengel und alles andere in diesem Ritual visualisieren, ist es für Sie richtig. Eine positive Nebenwirkung ist, dass sich Ihre Visualisationskraft mit jedem Mal, wenn Sie dieses Ritual vollziehen, verbessert.

DAS KABBALISTISCHE LICHTKREUZ

Bereiten Sie zu Beginn des Rituals Ihren heiligen Platz vor und visualisieren Sie einen Kreis von etwa zwei Metern Durchmesser. Treten Sie in den Kreis hinein und stellen Sie sich vor, er sei mit einer heilenden, schützenden Energie gefüllt.

Wenden Sie sich nach Osten und visualisieren Sie eine Quelle göttlicher Energie direkt über sich. Greifen Sie mit Ihrer rechten Hand so weit wie möglich nach oben und ziehen Sie dieses Licht nach unten an Ihre Stirn und durch den Körper hindurch bis zu den Füßen. Fahren Sie dazu mit dem Zeigefinger von der Stirn am Körper entlang bis zu Ihrem Schoß und zeigen Sie dann auf den Boden zwischen Ihren Füßen. Sprechen Sie laut: „Denn dein ist das Reich."

Führen Sie die göttliche Energie nach oben zu Ihrer rechten Schulter und sagen Sie, wenn Sie die Schulter berühren: „Und die Macht." Führen Sie die Hand quer über die Brust zur linken Schulter und sprechen Sie: „Und die Herrlichkeit."

Legen Sie beide Hände auf Ihr Herz und sagen Sie: „In Ewigkeit. Amen." Dies nennt man das kabbalistische Lichtkreuz. (Abbildung 1).

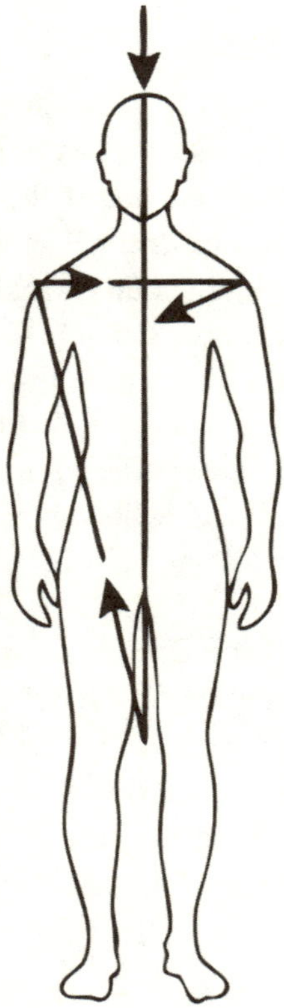

Abbildung 1 Das kabbalistische Lichtkreuz.

DAS BANNENDE RITUAL

Das Bannende Ritual wird zu Beginn jeder magischen Zeremonie durchgeführt, um alle schädlichen oder negativen Energien zu bannen. Es gibt vier Haupt-Typen des Bannenden Pentagramms, jeweils einen Typ für jedes Element. Das einfachste, das man jederzeit zum Schutz einsetzen kann, steht im Bezug zum Element Erde.

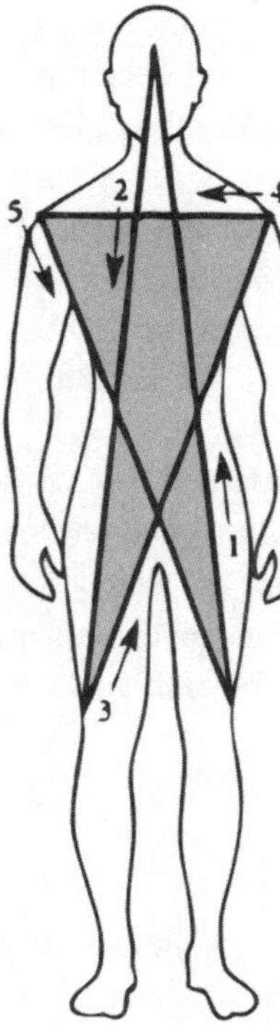

Abbildung 2. Das Bannende Pentagramm

Wenn Sie es ziehen wollen, stellen Sie sich mit dem Gesicht nach Osten. Strecken Sie Ihre dominante Hand aus – Zeige- und Mittelfinger gestreckt – und deuten Sie auf eine Stelle vor Ihrem linken Bein. Von dieser Stelle aus zeichnen Sie nun ein Pentagramm in die Luft. Wäre das Pentagramm ein Mensch, so würden Sie am linken Bein beginnen, eine Linie zum Kopf ziehen, von da hinunter zum rechten Bein, hinauf zur linken Schulter, hinüber zur rechten Schulter und wieder zurück zum linken Bein (Abbildung S. 77). Ziehen Sie das Pentagramm so groß, wie Sie es können. Bitten Sie Raphael währenddessen um Schutz. Wenden Sie sich nach Süden und ziehen Sie das Pentagramm erneut. Bitten Sie dieses Mal Michael um Schutz. Wenden Sie sich nach Westen und bitten Sie Gabriel um Schutz, während Sie das Pentagramm noch einmal ziehen. Wiederholen Sie dasselbe mit Uriel im Norden und wenden Sie sich zum Schluss wieder nach Osten. Jetzt ist das Bannende Ritual abgeschlossen, und Sie können in Ihrem Schutzkreis mit Ihrer Arbeit fortfahren.

Dies ist die einfachste Methode für das Bannende Ritual. Manche ziehen lieber das spezifische Pentagramm für jedes Element, anstatt viermal dasselbe, wie wir es gerade getan haben. Diese Version beschreibe ich im Anschluss an das Anrufende Ritual. Experimentieren Sie mit beiden und finden Sie heraus, was Ihnen mehr entspricht.

DAS ANRUFENDE RITUAL

Immer noch nach Osten gewandt, zeigen Sie mit den beiden gestreckten Fingern Ihrer dominanten Hand auf einen Punkt, der ein wenig höher liegt als Ihr Kopf. Zeichnen Sie nun ein Pentagramm in die Luft, so groß Sie es können. Beginnen Sie mit der linken oberen Spitze und führen Sie die Hand von dort zur rechten oberen Spitze. Wäre das Pentagramm ein Mensch, würden Sie an dessen linkem Arm beginnen, eine Linie zum rechten Arm ziehen, von da zum linken Bein, zum Kopf, zum rechten Bein und von da aus wieder zurück zum linken Arm (Abbildung 3). Sicher haben Sie bemerkt, dass wir dieses Pentagramm von der Position des Elements Luft aus begonnen haben. Dies ganz absichtlich, weil die Himmelsrichtung Osten mit der Luft verbunden ist. Stellen Sie sich dieses Pentagramm als ununterbrochenen Feuerring vor. Deuten Sie auf seine Mitte und sprechen Sie: „Ich ziehe diesen Kreis im Osten im Namen des gesegneten Erzengels Raphael." Visualisieren Sie Raphael vor sich, groß, mächtig und mit riesigen Flügeln. Traditionell trägt er ein gelbes Gewand als Symbol des Elements Luft. Malen Sie ihn sich so deutlich aus, wie Sie nur können.

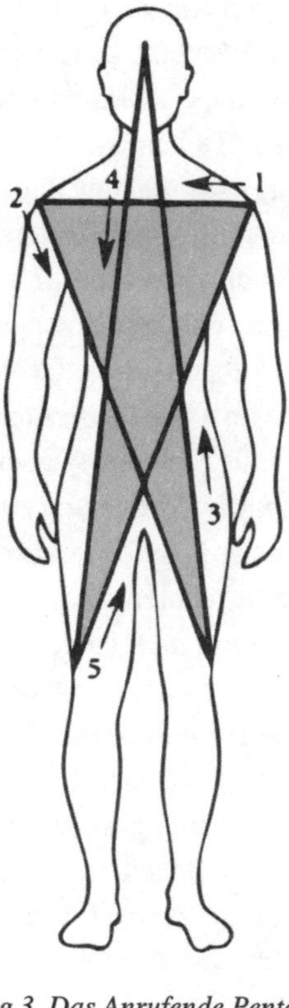

Abbildung 3. Das Anrufende Pentagramm.

Wenden Sie sich mit weiterhin ausgestrecktem Arm nach Süden und ziehen Sie noch ein Pentagramm, dieses Mal beginnend an der Position des Feuers (rechtes Bein). Führen Sie die Hand vom rechten Bein nach oben zum Kopf, von da zum linken Bein, zum rechten Arm, hinüber zum linken Arm und wieder zurück zum rechten Bein. Deuten Sie in die Mitte und sprechen Sie: „Ich ziehe diesen Kreis im Süden im Namen des gesegneten Erzengels Michael." Visualisieren Sie dieses Mal Michael vor sich. Michael trägt gewöhnlich Rot als Symbol des Elements Feuer. Er ist so groß, dass seine Flügelspitzen die von Raphael berühren.

Wenden Sie sich nach Westen und konstruieren Sie ein weiteres Pentagramm, wobei Sie dieses Mal an der Position des Wassers (rechter Arm) beginnen. Ziehen Sie vom rechten Arm aus zum linken Bein, zum Kopf, zum rechten Bein, zum linken Arm und wieder zurück zum rechten Arm. Deuten Sie dann in die Mitte des Pentagramms und sprechen Sie: „Ich ziehe diesen Kreis im Westen im Namen des gesegneten Erzengels Gabriel." Malen Sie sich Gabriel vor Ihrem inneren Auge aus und beachten Sie, dass seine Flügelspitzen die von Michael berühren. Üblicherweise trägt er blaue Gewänder, die das Element Wasser symbolisieren.

Wenden Sie sich nun nach Norden und ziehen Sie das letzte Pentagramm, beginnend an der Position der Erde (linkes Bein). Gehen Sie vom linken Bein zum rechten Arm, von da zum linken Arm, zum rechten Bein, zum Kopf und wieder zurück zum linken Bein. Deuten Sie in die Mitte dieses Pentagramms und sprechen Sie: „Ich ziehe dieses Pentagramm im Norden im Namen des gesegneten Erzengels Uriel." Visualisieren Sie Uriel so deutlich, wie Sie es können. Er trägt gewöhnlich braune oder grüne Gewänder als Symbol des Elements Erde. Beachten Sie, dass er genauso groß ist wie die anderen Erzengel und seine Flügelspitzen die von Raphael und Gabriel berühren. Die vier Erzengel bilden eine solide Schutzmauer um Sie herum.

Halten Sie den Arm noch ausgestreckt und wenden Sie sich nun wieder nach Osten. Visualisieren Sie einen Flammenkreis um sich herum. Breiten Sie die Arme weit aus und sagen Sie: „Vor mir Raphael. Hinter mir Gabriel. An meiner Rechten Michael. An meiner Linken Uriel. Über mir der Große Vater. Unter mir die Große Mutter. In mir die göttliche Essenz."

Jetzt ist Ihr Arbeitsraum geschützt, und es ist alles bereit, damit Sie Ihr Gespräch mit Raphael beginnen können. Alle vier Erzengel sind bei Ihnen, und Sie können nun mit jedem oder auch mit allen sprechen. Wenden Sie sich dazu einfach dem entsprechenden Erzengel zu. Natürlich haben Sie sich vorher überlegt, mit welchen Erzengeln Sie worüber sprechen möchten.

Wenn Sie damit fertig sind, sollten Sie den Erzengeln für alles danken, was sie für Sie tun. Danach können Sie die Anrufung mit dem Bannenden Ritual beenden.

DAS BANNENDE RITUAL ZUM ABSCHLUSS

Beginnen Sie mit dem kabbalistischen Kreuz genau so, wie Sie die Anrufung begonnen haben. Wenden Sie sich danach Raphael im Osten zu und ziehen sie ein großes Pentagramm. Dieses Mal wird es anders gezeichnet. Beim letzten Mal haben wir mit der Linie vom rechten Arm zum linken Bein angefangen. Dieses Mal beginnen wir auch mit dem rechten Arm, gehen dann aber hinüber zum linken Arm, von dort zum rechten Bein, zum Kopf, zum linken Bein und wieder zurück zum rechten Arm. Sagen Sie danach: „Danke, gesegneter Erzengel Raphael. Ich banne jetzt diesen Kreis im Osten."

Wenden Sie sich nach Süden und ziehen Sie ein weiteres Pentagramm. Dieses Mal beginnen Sie am rechten Bein, gehen von da zum Kopf, zum linken Bein, zum rechten Arm, zum linken Arm und wieder zurück zum rechten Bein. Sprechen Sie: „Danke, gesegneter Erzengel Michael. Ich banne jetzt diesen Kreis im Süden."

Wenden Sie sich nach Westen und ziehen Sie erneut ein Pentagramm, beginnend mit dem rechten Arm, hinüber zum linken Arm, zum rechten Bein, zum Kopf, zum linken Bein und wieder zurück zum rechten Arm. Sprechen Sie: „Danke, gesegneter Erzengel Gabriel. Ich banne jetzt diesen Kreis im Westen."

Wenden Sie sich nun nach Norden. Ziehen Sie das letzte Pentagramm, beginnend mit dem linken Bein, zum Kopf, zum rechten Bein, zum linken Arm, zum rechten Arm und wieder zurück zum linken Bein. Sagen Sie: „Danke, gesegneter Erzengel Uriel. Ich banne jetzt diesen Kreis im Norden."

Jetzt ist der Kreis aufgehoben. Beschreiben Sie mit ausgebreiteten Armen einen vollständigen Kreis gegen den Uhrzeigersinn und treten Sie aus dem Kreis.

DER DAVIDSSTERN

Ein weiteres mächtiges Symbol ist mit dem Pentagramm eng verbunden: der Davidsstern, ein sechszackiger Stern aus zwei übereinander liegenden Dreiecken (Abbildung 4). Es gibt viele Mutmaßungen über das Zeichen auf dem Ring, den Raphael König Salomo gab. Manche glauben, es sei ein Hexagramm gewesen, andere hingegen bestehen darauf, es müsse ein Pentagramm gewesen sein. Tatsächlich wurde sowohl das Hexagramm als auch das Pentagramm zeitweilig als das Salomonssiegel bezeichnet.

Der Davidsstern gilt im Judentum als Symbol des Glaubens und ist das Wahrzeichen Israels. Wie nicht anders zu erwarten, ist er auch auf der israelischen Flagge zu sehen. Vor dem 14. Jahrhundert war die Menora, der siebenarmige Leuchter, Emblem des jüdischen Volkes. Im Jahre 1354 jedoch gestand König Karl IV. den Juden von Prag eine eigene Flagge zu. Die Menschen wählten den sechszackigen Stern, der seither zum Emblem des Judentums wurde.[20]

20 R. Brasch, *The Supernatural and You, Stanmore 1976*

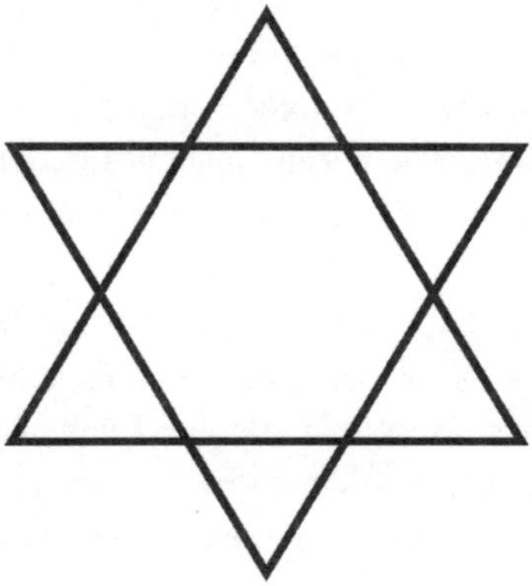

Abbildung 4. Davidsstern

Das nach oben weisende Dreieck symbolisiert männliche Energie, das nach unten weisende weibliche Energie. Im Hinduismus steht der Davidsstern für die Vereinigung von Yoni und Lingam und für die heilige Hochzeit zwischen Shiva und Shakti. Jeweils viele tausend Jahre alte paläolithische und neolithische Schreine zeigen, dass der Buchstabe V seit jeher Symbol der Muttergöttin war.[21] Das V ergibt zwei Seiten des weiblichen Dreiecks.

Der Davidsstern gilt als mächtiges Amulett, das seine Trägerin oder seinen Träger vor dem bösen Blick beschützt. Im Mittelalter verwendete man es zum Schutz vor Feuer, gefährlichen Waffen und potenziellen Feinden. Weil man es auch mit den sieben klassischen Planeten verbinden kann, hieß es, es zöge Glück und Wohlstand in allen Lebensbereichen an. Sechs Planeten (Mond, Merkur, Venus, Mars, Jupiter und Saturn) wurden den Spitzen des Sterns zugeordnet, die Sonne stand im Zentrum. Ein weiterer positiver Aspekt des Davidssterns besteht darin, dass seine sechs Spitzen die vier

21 Riane Eisler, *Kelch und Schwert. Unsere Geschichte, unsere Zukunft. Weibliches und männliches Prinzip in der Geschichte*. Arbor Verlag 2005.

Himmelsrichtungen plus Himmel und Hölle repräsentierten. Der ganze Kosmos ist also darin enthalten. Deshalb ist es außerdem ein mächtiger Talisman, der seiner Trägerin oder seinem Träger Bewusstheit, Wissen, Erkenntnis, inneren Frieden und Zuversicht schenkt. Der Davidsstern kann auch zur Anrufung von Engeln verwendet werden.

In der Alchemie steht er für die Vereinigung aller Gegensätze; er ist der „Stein der Weisen" der spirituellen Transformation.[22] Diese Bedeutung erhielt er, weil man alle vier Elemente mit ihm in Beziehung setzen kann. Das Element Feuer wird als aufrechtes Dreieck dargestellt. Auch das Element Luft ist ein aufrechtes Dreieck, wird aber von einer Linie gekreuzt, um es vom Element Feuer zu unterscheiden. Wasser repräsentiert ein umgekehrtes Dreieck, ebenso die Erde, die jedoch wie die Luft von einer Linie durchkreuzt wird. Die Tatsache, dass alle vier Elemente in diesem einen Symbol zusammengeführt sind, ist einer der Gründe, warum der Davidsstern als Übermittler göttlichen Schutzes für alle gilt, die ihn tragen. Ein weiterer Grund ist, dass jede Spitze für einen Schöpfungstag steht.

Der Davidsstern symbolisiert die essenziellen, Leben spendenden männlichen und weiblichen Energien im Universum. So wird er zum Symbol von Ganzheit und Gemeinsamkeit, von Lebensbereichen, an denen Raphael ein vitales Interesse hat.

EIN RITUAL, UM ENGEL ANZUZIEHEN

Alchemisten und Magier nutzten den Davidsstern auf unterschiedliche Weise, um die Engel anzuziehen. Das Vorgehen ist einfach, bietet Schutz und ermöglicht zugleich eine interessante Art der Kommunikation mit Raphael.

22 Herbert Silberer, *Probleme der Mystik und ihrer Symbolik*, Wien und Leipzig 1914.

Zeichnen Sie zu Beginn einen Davidsstern auf den Boden des Raums, in dem Sie das Ritual durchführen. Wenn Sie möchten, können Sie dazu Faden oder Wolle verwenden. Ich lege meist kleine Gegenstände, in aller Regel Edelsteine, an die Spitzen, so dass sie zusammen den Davidsstern ergeben. (Über Edelsteine sprechen wir in Kapitel Acht). Die Seiten der beiden Dreiecke, die den Davidsstern ergeben, sollten jeweils etwa zwei bis zweieinhalb Meter lang sein.

Stellen Sie sich in die Mitte Ihres Davidssterns. Visualisieren Sie mit geöffneten Augen ein klares, reines, schützendes Licht um die gesamte Stelle. Atmen Sie dreimal tief durch. Schauen Sie nun nacheinander im Uhrzeigersinn jede Spitze des Sterns an. Wiederholen Sie das noch einmal, aber stellen Sie sich dieses Mal dabei vor, dass das klare Licht Ihrem Blick folgt und in einer wirbelnden Bewegung einen Energiekreis schafft, der immerzu um den Davidsstern zirkuliert und so einen Energiestrudel erzeugt. Drehen Sie sich noch ein paar Mal im Kreis, wenn Sie möchten, damit die Visualisation so intensiv wie nur möglich werden kann. Achten Sie aber darauf, dass Ihnen nicht schwindlig wird, denn das würde das Ende des Rituals bedeuten.

Sie können nun stehen bleiben, sich aber auch hinsetzen oder hinlegen. Schließen Sie die Augen und denken Sie an das kreisende Licht, das Sie umgibt und schützt. Sehen Sie es so klar wie möglich vor sich und denken Sie dann an Ihre Gründe, warum Sie mit Raphael Kontakt aufnehmen wollen. Vielleicht müssen Sie ihn bitten, zu Ihnen zu kommen, ebenso gut kann es aber sein, dass Sie sich nach und nach bewusst werden, dass er bereits da ist. Sprechen Sie mit Raphael, worüber Sie möchten. Danken Sie ihm zum Schluss dafür, dass er Ihnen zu Hilfe kam und Sie stets beschützt. Nehmen Sie nun wieder das wirbelnde Licht wahr, lassen Sie es in Ihrer Vorstellung langsamer werden und schließlich anhalten.

Öffnen Sie die Augen. Stehen Sie wieder auf, wenn Sie nicht ohnehin schon gestanden haben, und drehen Sie sich gegen den Uhrzeigersinn im Kreis; schauen Sie auch dabei wieder jede Spitze an. Danken Sie Raphael und den göttlichen Kräften für ihren Schutz und treten Sie dann aus dem Davidsstern heraus. Nun ist das Ritual beendet, und Sie können sich sofort wieder Ihrer normalen Tätigkeit zuwenden, wenn Sie möchten. Ich denke jedoch immer gerne noch ein paar Minuten über das Ritual nach und schreibe mir manchmal Gedanken oder Erkenntnisse auf, die mir dabei gekommen sind.

In gewisser Hinsicht ähnelt dieses Ritual dem Sieben-Steine-Ritual, das ich in *Write Your Own Magic* beschrieben habe.[23] Das ist ein östliches Ritual, das allen, die es ausführen, Glück bringt. Sechs kleine Edelsteine werden in Form eines Davidssterns ausgelegt, ein größerer Edelstein kommt in die Mitte. Die Seiten der Dreiecke, die den Stern ergeben, sollten im Idealfall etwa 20 cm lang sein. Schreiben Sie Ihren Wunsch auf die Rückseite eines Fotos, das Sie fröhlich lächelnd zeigt. Dieses Foto lehnen Sie an den größeren Edelstein in der Mitte, und der Energiestrudel des Davidssterns sendet Ihre Bitte zum Himmel.

RITUAL ZUR GANZHEIT

Dieses Ritual ist dem Vorhergehenden recht ähnlich, aber man vollzieht es, um ein Gefühl der Ganzheit und des Einsseins mit allem zu erreichen. Legen Sie einen Davidsstern und stellen Sie sich in die Mitte. Vollziehen Sie den ersten Schritt des Rituals, bis Sie völlig von einem wirbelnden Energiekreis umgeben sind.

Bleiben Sie stehen. Rufen Sie Raphael, und sagen Sie ihm, sobald er da ist, dass Sie sich Reinigung wünschen und das Ritual vollziehen, um wieder heil zu werden. Bitten Sie ihn, Sie zu beschützen

23 Richard Webster, *Write Your Own Magic*, Llewellyn, 2001

und Ihnen zu helfen, während Sie das Ritual ausführen. Warten Sie, bis er wieder aufgestiegen ist, bevor Sie weitermachen.

Wenden Sie sich nach Osten und breiten Sie die Arme weit aus. Sprechen Sie laut: „Ich rufe die Kräfte des Ostens, mir Ganzheit und Einssein zu bringen. Danke für Eure Hilfe."

Wenden Sie sich nach Süden und bitten Sie die Kräfte des Südens um Hilfe. Wiederholen Sie dasselbe im Westen und im Norden. Schauen Sie schließlich nach oben und strecken Sie beide Hände empor, so hoch Sie nur können. Sprechen Sie laut: „Ich bitte die göttlichen Kräfte, mir Ganzheit und Einssein zu bringen. Danke für Eure Hilfe."

Wenden Sie sich wieder nach Osten und danken Sie Raphael, dass er Ihnen die heilende Kraft Gottes geschenkt hat. Visualisieren Sie, wie das wirbelnde Licht allmählich zu einem Frieden spendenden, beruhigenden und heilenden Grün wird. Spüren Sie, wie diese heilende Energie in jede Zelle Ihres Körpers dringt.

Wenn Sie bereit sind, beenden Sie das Ritual durch eine vollständige Umdrehung entgegen dem Uhrzeigersinn und danken Sie dabei den göttlichen Kräften. Treten Sie aus dem Davidsstern heraus und denken Sie noch ein paar Minuten darüber nach, was geschehen ist, bevor Sie sich wieder Ihrer normalen Tätigkeit zuwenden.

Wiederholen Sie dieses Ritual so oft Sie mögen, bis Sie sich wieder vollkommen ganz und eins mit allem fühlen.

Eine meiner Kursteilnehmerinnen vollzog dieses Ritual drei Monate lang zwei bis dreimal pro Woche, bis sie sich wieder vollkommen heil fühlte. Vanessa hatte zwölf Jahre lang in einer Beziehung gelebt. Nach deren Ende war sie völlig verzweifelt, obwohl ihr klar war, dass die Beziehung nicht weitergehen konnte.

„Ich hatte solche Angst, das Leben alleine zu meistern. Julian und ich waren immer schon ein Paar gewesen, und alle unsere Freunde waren Paare. Plötzlich war ich wieder Single, und damit wurde ich einfach nicht fertig."

Zum Glück war Raphael bereit, ihr zu helfen, und heute ist Vanessa innerlich völlig unabhängig und genießt ein erfülltes Leben.

„Ich fände es schön, wenn der Richtige käme", sagte sie. „Aber ich habe keine Eile. Ich komme sehr gut mit mir selber klar." Außerdem denkt sie, dass sie, sollte es ihr noch einmal ähnlich ergehen, Raphael sicher früher anrufen und ihm vollkommen vertrauen würde. „Ich glaube, deshalb habe ich so lange gebraucht, bis ich die Vergangenheit hinter mir lassen und den Blick wieder nach vorne richten konnte", sagte sie. „Ich vollzog das Ritual zwar regelmäßig, aber ein Teil von mir wollte gar nicht, dass es funktioniert, weil ich immer noch in der Vergangenheit lebte. Als ich das Gefühl hatte, dass es nun an der Zeit wäre, einen Schritt nach vorne zu tun, tat das Ritual fast sofort seine Wirkung."

Diese Rituale mit dem Pentagramm und dem Hexagramm sind sehr stark; und sie werden sogar noch stärker, je häufiger Sie sie durchführen. Außerdem laden sie Ihren heiligen Platz mit Energie auf. Achten Sie darauf, dass Sie genügend Zeit für diese Rituale haben. Weil ich gerne nach meinen Ritualen noch ein wenig meinen Gedanken nachhänge, versuche ich, sie dann auszuführen, wenn mich danach nicht gleich wieder etwas Dringendes erwartet.

Im nächsten Kapitel befassen wir uns mit dem Heilen und gehen damit bei unserer Arbeit mit Raphael noch einen Schritt weiter.

6

HEILEN MIT RAPHAEL

Manches ändert sich nie. Vor über 2000 Jahren schrieb Platon, man solle gar nicht erst versuchen, den Körper zu heilen, wenn man nicht zuvor die Seele geheilt habe. Er schrieb dies, weil er Bedenken gegen die Lehre des Hippokrates hatte, der lehrte, es gebe eine natürliche Ursache und ein natürliches Heilmittel gegen jede Krankheit. Der Ansatz des Hippokrates behandelte die Symptome statt der ihnen zugrundeliegenden Ursache, und leider ist das auch heute noch so. Platon war der Meinung, Therapeuten sollten das ganzheitliche Konzept der Behandlung von Körper, Geist und Seele anwenden. Glücklicherweise produziert unser Geist ständig selbstheilende Energien, dennoch benötigen viele Menschen zusätzliche Hilfe. In diesen Fällen sollten Sie die Engel anrufen.

Als der Erzengel der Heilung möchte Raphael, dass Sie bei guter Gesundheit sind, mental, emotional, spirituell und körperlich. Er und alle übrigen Engel werden Sie stets still und leise dazu ermuntern, alles Notwendige zu unternehmen, wenn Sie Heilung suchen.

Ein Freund von mir litt unter einem chronischen Magengeschwür. Er vereinbarte einen Termin bei seinem Hausarzt, sagte den aber kurzfristig wieder ab und ging zu einem Arzt, bei dem er noch nie gewesen war. Er konnte mir nicht sagen, warum er das getan hatte. Er wusste nur, dass ihm sein bisheriger Arzt für dieses Problem plötzlich nicht mehr „richtig“ erschien, wohl aber der andere. Niemand hatte ihm diesen Arzt empfohlen, aber es stellte sich heraus, dass er Experte für die Erkrankung meines Freundes war und das Problem lösen konnte. Ich glaube, da hat wohl insgeheim ein Engel auf meinen Freund eingewirkt und ihn veranlasst, zu einem Arzt zu gehen, der auf sein besonderes Krankheitsbild spezialisiert war.

Ein anderes Beispiel betraf eine meiner Kursteilnehmerinnen, die unter Kreuzschmerzen litt. Eines Morgens schaltete sie den Fernseher ein und sah einen Werbespot für ein Produkt, das bei ihren Beschwerden Linderung bringen sollte. Sie kaufte es und stellte fest, dass es ihr wunderbar half. Diese Frau schaltete sonst nie schon morgens den Fernseher ein, aber an diesem Tag tat sie es aus unerfindlichen Gründen, genau in dem Moment, als der Werbespot gesendet wurde, der wie für sie und ihre Bedürfnisse geschaffen schien.

Erlebnisse dieser Art, die wir alle haben, könnten sehr wohl auf ein Eingreifen der Engel zurückzuführen sein, auch wenn wir es nicht bewusst wahrnehmen.

Viele Krankheiten haben eine emotionale Ursache. Man vermutet, dass viele Herzkrankheiten von der Unfähigkeit der Betroffenen herrühren, ihre Gefühle auszudrücken. Dieses ständige Unterdrücken natürlicher Energien schädigt schließlich das Organ selbst. Probleme dieser Art lassen sich lösen, indem Sie Raphael bitten, Ihnen dabei zu helfen, die der Krankheit zugrunde liegenden Ursachen zu erkennen. Sobald Sie um die eigentliche Ursache wissen, können Sie Maßnahmen zur Lösung des Problems ergreifen.

Vor vielen Jahren berichtete mir eine Klientin einmal, sie habe nun herausgefunden, warum sie ständig unter irgendwelchen Befindlichkeitsstörungen leide.

„Das kommt alles vom Stress“, sagte sie. „Und ich werde krank, weil ich dann aufhören muss zu arbeiten. Während ich im Bett liege, habe ich Zeit darüber nachzudenken, was ich mir antue. Ich glaube, die Engel haben mich zur Ruhe gezwungen, damit ich das herausfinden kann.“

Wie nicht anders zu erwarten, verbesserte sich ihr Gesundheitszustand drastisch, nachdem sie dies erst einmal erkannt hatte. Sie wandte Techniken zum Stress-Abbau an und begann, regelmäßig mit den Engeln zu kommunizieren. Sie entwickelte eine besonders innige und liebevolle Beziehung zu Raphael.

Wenn Sie Raphaels Hilfe zu jedweder Art von Heilung benötigen, brauchen Sie nur zu fragen. Sie können Raphael auch bitten, Ihnen beim Heilen anderer zu helfen, wenn das angebracht ist. Denken Sie aber daran, dass alle alternativen Heilmethoden nur ergänzend zur Schulmedizin angewandt werden sollten. Gehen Sie immer zum Arzt, wenn Sie medizinischer Hilfe bedürfen.

Es gibt mehrere unterschiedliche Methoden, sich wegen einer Heilung an Raphael zu wenden. Experimentieren Sie damit.

IN SEINEN ARMEN RUHEN

Diese Visualisationsübung ist zutiefst erholsam. Fast jeder hat gerne einen besonderen Menschen zum Umarmen und Festhalten. Schon die bloße Berührung einer liebevollen Hand kann unglaublich tröstend und heilsam wirken. Wenn diese einfachen Gesten von einem anderen Menschen bereits so viel bewegen, dann können Sie sich sicher vorstellen, um wie viel intensiver Heilung und Trost sein mögen, wenn Sie Raphael umarmen.

Wenn es so aussieht, als habe sich das ganze Leben gegen Sie verschworen, dann hat es eine wunderbare therapeutische Wirkung, sich in Raphaels Arme sinken zu lassen, seine Liebe und seine heilenden Energien zu spüren.

Am besten tun Sie das nachts im Bett. Aber Sie können diese Übung auch im Sitzen ausführen; und in einer Krisensituation geht es fast überall.

Setzen oder legen Sie sich bequem hin. Schließen Sie die Augen, atmen Sie dreimal tief durch und stellen Sie sich dann vor, dass Sie sich in Raphaels Arme kuscheln. Spüren Sie seinen sanften Atem, die Wärme seines Körpers und den sanften Druck seiner Arme und Flügel, mit denen er Sie umschließt und dabei in seine Zärtlichkeit und Liebe hüllt. Wenn Sie möchten, können Sie mit ihm sprechen, wahrscheinlich aber werden Sie meist nur still in seinen Armen liegen bleiben und den Frieden, die Liebe und die Sicherheit genießen, die er schenkt.

Verweilen Sie in seinen Armen so lange, wie Sie möchten. Wenn Sie diese Übung an Ihrem Arbeitsplatz machen, dann öffnen Sie nach etwa sechzig Sekunden wieder die Augen. Wenn Sie sich abends im Bett in seine Arme sinken lassen, dann können Sie sich bis zum Einschlafen darin aufhalten. Sie werden feststellen, dass Ihr Schlaf nach dieser Übung besonders wohltuend und erholsam ist.

Sie müssen mit dieser Übung nicht warten, bis Sie dringend Raphaels Hilfe benötigen. Wenn Sie sich dieses Einkuscheln in seinen Armen zur regelmäßigen Gewohnheit machen, werden Sie feststellen, dass Ihre Stressresistenz steigt, Sie sich kompetenter und souveräner fühlen und Ihr Leben in jeder Hinsicht immer schöner wird.

SELBSTHEILUNG MIT RAPHAEL

Es ist verständlich, dass wir fragen: „Warum ich?", wenn bei uns eine Krankheit diagnostiziert wird. Das ist eine typische emotionale Reaktion auf unerfreuliche Nachrichten. Es ist wichtig, dass wir diese Phase durchlaufen, bevor wir Raphael um Hilfe bitten.

Nehmen Sie sich etwas Zeit für sich selbst und bitten Sie Ihren Körper, dass er Ihnen hilft zu verstehen, warum Sie unter dieser Krankheit leiden. Vielleicht müssen Sie das mehrmals tun, besonders wenn Sie bisher nicht sonderlich gut mit Ihrem Körper verbunden waren. Viele Menschen leben überwiegend im Kopf und haben nur wenig Verständnis für die Bedürfnisse ihres physischen

Leibes. Nehmen Sie sich für die Erkenntnisse, die zu Ihnen kommen möchten, so viel Zeit wie nötig.

Wenn Sie das getan haben, rufen Sie Raphael. Folgen Sie dazu einer der Methoden, die bisher vorgestellt wurden. Erzählen Sie ihm Ihre Ängste und Sorgen und bitten Sie um Hilfe. Akzeptieren Sie, dass die Krankheit aus einem wichtigen Grund aufgetreten ist und Sie sich in etwa denken können, was dieser Grund sein mag. Sagen Sie ihm, dass Sie bereit sind, in Ihrem Leben zu verändern, was verändert werden muss, und dass Sie ebenso bereit und willens sind, die in der Krankheit enthaltenen Lektionen zu lernen.

Danken Sie ihm für sein Interesse, seine Anteilnahme und seine Hilfe und legen Sie dann alles in seine Hände. Wiederholen Sie dieses Ritual so oft wie möglich, bis Ihre Gesundheit wiederhergestellt ist.

Wenn Ihre Krankheit schmerzhaft ist, sollten Sie auch Michael ansprechen und ihn um Kraft und Mut bitten, bis es Ihnen wieder besser geht.

AURA-HEILEN

Engel sind Lichtwesen. Sie sind erfüllt von Gottes Lebensenergie und nutzen Farbe, Licht und Schwingungen, um uns auf jeder Ebene zu heilen. Unsere Aura ist ein elektromagnetisches Feld aus Farbe. Licht und Schwingung. Das bedeutet, dass wir die Engel bitten können, unser Aura-Feld zu heilen, weil dies genau die Energien sind, mit denen sie sich am besten auskennen.

Viele Menschen können Auren sehen, und ich bin überzeugt, dass jeder Mensch das Potenzial dazu besitzt.[24] Es ist sehr gut, diese Fähigkeit zu entwickeln, denn sie kann in vielerlei Hinsicht hilfreich sein. So zeigt sich eine Krankheit oft zuerst in der Aura,

---

24 Richard Webster, *Die Botschaft der Aura. Ein praktisches Einführungsbuch.* München 2000.

noch bevor der betreffende Mensch in seinem physischen Körper etwas davon bemerkt.

Unsere Aura strahlt in allen Regenbogenfarben. Die Größe der Aura und die Intensität der Farben sind von verschiedenen Faktoren, darunter auch der Gesundheit, abhängig. Auch die Art der Lebensführung zeigt sich in der Aura. Ehrliche und mitfühlende Menschen haben eine große Aura voller lebendiger, strahlender Farben. Ein unehrlicher Mensch hat eine kleinere Aura, und die Farben wirken schmutzig-trüb. Dies könnte die Erklärung für die Worte Jesu sein: „So lasst euer Licht leuchten vor den Leuten, damit sie eure guten Werke sehen und euren Vater im Himmel preisen." (Matthäus 5, 16)

Sie können Ihre Aura in den Farben des Regenbogens baden, wann immer Sie möchten. Dazu gibt es zwei Möglichkeiten. Die erste Methode dauert länger, ist aber eine angenehme und äußerst wohltuende Entspannungsübung.

Legen Sie sich bequem hin, schließen Sie die Augen und atmen Sie mehrmals tief durch. Spüren Sie, wie mit jedem Ausatmen eine Welle der Entspannung durch Ihren Körper strömt. Wenn Sie sich völlig entspannt fühlen, stellen Sie sich vor, dass Sie am Fuß eines wunderschönen Regenbogens stehen. Die Farben sind unbeschreiblich lebendig, und der einzigartige Anblick erfüllt Sie mit Ehrfurcht. Treten Sie ein paar Schritte vor, bis Sie völlig von der funkelnden, sprühend roten Farbe umgeben sind. Spüren Sie, wie die rote Energie Ihren Körper mit Kraft und Vitalität erfüllt. Atmen Sie dieses wunderschöne Rot mehrmals tief ein.

Wenn Sie bereit sind, gehen Sie ein paar Schritte weiter und genießen Sie das Gefühl, völlig von der belebenden orangefarbenen Energie umgeben zu sein. Spüren Sie, wie ein Gefühl des Friedens und der Ruhe in jede einzelne Zelle Ihres Körpers dringt, wenn Sie inmitten der Farbe Orange stehen. Atmen Sie die orange Energie ein und lassen Sie sie in sämtliche Körperregionen strömen.

Genießen Sie das Orange, so lange Sie möchten, und gehen Sie dann weiter zum Gelb. Erleben Sie die Freude und das Glück, das diese Farbe schenkt. Vielleicht fühlen Sie sich auch geistig angeregt. Atmen Sie so viel gelbe Energie ein, wie Sie möchten, und lassen Sie die Freude daran Ihren ganzen Körper durchströmen.

Treten Sie nun ins Grün. Es ist eine belebende Farbe, und vielleicht spüren Sie die heilenden Energien, die sie vermittelt, wenn sie Sie einhüllt. Wenn Sie inmitten dieser kraftvollen Farbe stehen, kann Sie Liebe zur ganzen Menschheit erfüllen. Atmen Sie das Grün mehrmals tief ein.

Die nächste Farbe ist Blau. Spüren Sie die freudige Erregung, wenn Sie in die Strahlen von dieser Farbe treten. Womöglich fühlen Sie sich jünger und dynamischer, wenn Sie die Energie des Blau genießen. Denken Sie daran, mehrere tiefe Atemzüge der reinen blauen Energie in sich aufzunehmen.

Beim Übergang ins Indigo sind die Veränderungen sehr subtil. Sie spüren Ihre Intuition und Ihre Fähigkeit, alles zu tun, was Sie sich vorgenommen haben. Sie spüren Ihre Liebe zu Ihrem Zuhause, Ihrer Familie und den Menschen, die Ihnen nahe stehen. Atmen Sie das Indigo mehrmals tief ein und füllen Sie Ihren Körper damit.

Begeben Sie sich zum Schluss in die violetten Strahlen. Ihnen wird sofort klar, warum Violett schon seit jeher als spirituelle Farbe gilt. Vielleicht spüren Sie einen engeren Kontakt zum Göttlichen oder ein überwältigendes Gefühl von Frieden und Liebe. Atmen Sie diese bemerkenswerte Energie mehrfach tief ein.

Erfreuen Sie sich an den violetten Strahlen und treten Sie dann wieder aus dem Regenbogen heraus. Visualisieren Sie sich in der schönsten Umgebung, die Sie sich nur vorstellen können. Setzen Sie sich ruhig hin und genießen Sie das angenehme Gefühl der Entspannung in Ihrem ganzen Körper. Lassen Sie die Augen geschlossen und bitten Sie Raphael, zu Ihnen zu kommen. Sobald er da ist, bitten Sie ihn, Ihre Aura genau anzusehen, damit ganz sicher ist, dass Sie alles Notwendige vom Regenbogen erhalten haben. Vielleicht sagt er Ihnen, dass Ihre Aura wunderbar aussieht oder schlägt Ihnen vor, sich noch einmal in eine oder mehrere Farben zu begeben und noch mehr von deren Energie einzuatmen. Danken Sie Raphael dafür, dass er dies für Sie tut. Lassen Sie die verschiedenen Schwingungen, Energien und Empfindungen, welche die verschiedenen Farben Ihnen geschenkt haben, noch ein Weilchen in sich nachwirken. Wenn Sie bereit sind, öffnen Sie die Augen.

Nach dieser Übung werden Sie sich an Körper, Geist und Seele gekräftigt fühlen. In gewissem Sinne haben Sie Ihre Aura mit sämtlichen Farben des Regenbogens gewaschen, was dazu führt, dass sie sich ausdehnt und leuchtet. Raphael hat sie sich angesehen und Ihnen seinen Rat erteilt. Mit dieser sprühenden und gesunden Aura fühlen Sie sich an Körper, Geist und Seele einfach wunderbar. Nun haben Sie die Energie, die Sie benötigen, um alle Aufgaben, die an diesem Tag anstehen, zu meistern.

Bei der zweiten Methode des Aura-Badens atmet man alle Farben nacheinander tief ein. Schließen Sie die Augen und atmen Sie reine rote Energie ein. Tun Sie dasselbe mit den anderen Farben. Bitten Sie dann Raphael, zu kommen und sich Ihre Aura anzusehen. Es mag sein, dass er Ihnen rät, noch etwas mehr von einer oder mehreren Farben einzuatmen. Danken Sie ihm, bevor Sie die Augen öffnen. Ich nehme mir viel lieber die Zeit und gehe durch den Regenbogen, aber diese zweite Methode lässt sich in wenigen Minuten durchführen. Deshalb eignet sie sich hervorragend, wenn Sie keine Zeit für die komplette Regenbogen-Übung haben.

Diese Übungen sind deshalb so praktisch, weil jede Farbe Ihrer Aura etwas davon hat. Dank Raphaels Rat erhalten alle zu schwach vertretenen Farben besondere Aufmerksamkeit, so dass Ihre Aura wieder ausgeglichen und harmonisch wird.

Sobald Sie die Farben in Ihrer Aura erst einmal wahrnehmen und deren unterschiedliche Energien spüren, wissen Sie wahrscheinlich sofort, wenn eine Farbe zu schwach wird. Atmen Sie dann die betreffende Farbe mehrfach tief ein. Das können Sie auch tun, wenn Sie sich auf einem bestimmten Gebiet einen Energieschub verschaffen wollen. Wenn Sie zum Beispiel an einer Erkältung leiden, dann nehmen Sie zusätzlich blaue Energie auf. Wenn Sie aus einem bestimmten Grund mehr Selbstvertrauen benötigen, könnten Sie Rot einatmen, um sich mit Begeisterung, Energie und unbegrenztem Selbstvertrauen anzufüllen.

HEILENDE HÄNDE

Viele Menschen haben sogenannte „heilende Hände". Das bedeutet, dass ihre Berührung anderen hilft. Manche werden Geistheiler und leisten wunderbare Arbeit an Pflanzen, Tieren und Menschen. Viele glauben, dies sei eine Gabe, die nur wenigen Glücklichen zuteil werde. Erfreulicherweise kann aber jeder Mensch heilende Hände entwickeln und diese Fähigkeit einsetzen, um anderen zu helfen. Natürlich müssen Sie den starken Wunsch verspüren, anderen zu helfen und sehr ausgeglichen und psychisch stabil sein. Es ist eine Ehre, anderen heilende Energien senden zu können. Mit Sicherheit ist es keine Einladung zum Ego-Trip.

Stehen Sie in freier Natur oder bei geöffnetem Fenster, die Füße etwa dreißig Zentimeter auseinander. Atmen Sie ganz lange aus, bis Sie das Gefühl haben, dass alle Luft aus Ihren Lungen entwichen ist. Atmen Sie tief ein und füllen Sie dabei bewusst Ihren Unterbauch mit Luft. Stellen Sie sich vor, dass Sie reinen Geist ein- und heilende Energie ausatmen.

Atmen Sie mehrmals tief ein und erfüllen Sie dabei Ihren Körper mit Prana oder dem göttlichen Geist. Wenn Sie spüren, dass Ihr ganzer Körper mit dieser Energie angefüllt ist, atmen Sie noch einmal tief ein. Halten Sie die Hände mit den Handflächen nach oben vor sich hin. Stellen Sie sich beim Ausatmen vor, wie die Prana-

Energie aus Ihrer Herzgegend strömt und die Arme entlang bis in Ihre Handflächen fließt. Wiederholen Sie dies mehrfach.

Legen Sie die Finger Ihrer rechten Hand auf die linke Schulter und zugleich die Finger Ihrer linken Hand auf die rechte Schulter. Lassen Sie nun die Finger beider Hände langsam an den Armen entlang bis zu den Händen gleiten. Falten Sie dann Ihre Hände.

Jetzt haben Ihre Hände alle Energie, die zum Heilen nötig ist. Wenn Sie jedoch ohne Anrufung einer höheren Macht zu heilen beginnen, werden Sie sehr rasch Ihre Energie verlieren und ausbrennen. Dies widerfährt vielen Heilern.

Rufen Sie deshalb Raphael an und bitten Sie ihn, Ihnen beim Heilen zu helfen. Visualisieren Sie seine Gegenwart um sich herum und bitten Sie ihn um Erlaubnis, bevor Sie einem anderen Menschen, der Sie um Heilung ersucht, die Hände auflegen. In der Praxis halte ich meine Hände meist in einem Abstand von drei bis fünf Zentimetern über der Person, die ich behandle. Dabei kann ich spüren, wie die Energie aus meinen Handflächen strömt, und meine „Patienten" spüren die Wärme am Körper. Experimentieren Sie mit beidem, mit dem Heilen mit und ohne Berührung, und finden Sie heraus, welche Methode für Sie die bessere ist.

Sie müssen Ihren „Patienten" Liebe und Heilung senden. Liebe gehört zu den stärksten Kräften im ganzen Universum und enthält alle positiven Emotionen oder Gefühle. Liebe vernichtet Hass, Schmerz, Stress, Enttäuschung, Wut und alle anderen negativen Gefühle. Sie ist bereits für sich allein genommen eine große Heilerin. In Verbindung mit göttlicher Energie ist sie unschlagbar.

Heilbehandlungen dieser Art sollten Sie regelmäßig geben. Mehrere kurze Sitzungen wirken besser als eine einzige lange. Mit der Zeit werden Sie Ihren persönlichen Stil finden. Manche Heiler reden beim Heilen über verschiedene Themen, andere hingegen arbeiten schweigend. Ich spreche gerne mit meinen Patienten, denn so kann ich herausfinden, ob negative Haltungen da sind, die im Zuge der

Heilung korrigiert werden sollten. Ich tue das vor oder während des Heilens. Oft halte ich meine linke Hand mit der Handfläche nach oben, etwa auf Schulterhöhe, um heilende Energie von Raphael zu empfangen, und meine rechte Hand in einem Abstand von drei bis fünf Zentimetern von der Person, mit der ich gerade arbeite. Dabei visualisiere ich die Energie, die durch mich hindurchfließt. Das bedeutet, dass ich einfach nur ein Kanal bin und deshalb keine eigene Energie verliere. So fühle ich mich, wenn ich andere geheilt habe, nicht erschöpft, sondern im Gegenteil angeregt und voller Energie.

Machen Sie sich klar, dass Sie lediglich heilende Energie an Ihre Patienten weiterleiten und nicht deren Quelle sind. Es ist göttliche Energie, und Sie sollten sowohl vor als auch nach der Sitzung für die Möglichkeit danken, anderen dienen zu dürfen. Sie sollten auch Raphael danken, dass er Ihnen zu Hilfe kommt und zulässt, dass Heilung geschehen darf.

HEILUNG IN ABWESENHEIT

Eigentlich sollten Sie Heilung nur Leuten senden, die Sie darum bitten. Menschen werden aus den unterschiedlichsten Gründen krank. Wer zum Beispiel krank ist, weil er oder sie dadurch mehr Aufmerksamkeit bekommt, wünscht sich gar keine Heilung, weil er oder sie so viel glücklicher ist. Es mag aber Zeiten oder Situationen geben, in denen Sie nicht erst um Erlaubnis bitten können, und in solchen Fällen sollten Sie Raphael um Rat bitten, ob Sie heilende Energie senden sollen oder nicht. Auch wo es nicht angebracht ist, heilende Energie zu senden, können Sie doch stets Gedanken der Liebe und des Trostes schicken.

Gehen wir einmal davon aus, dass Sie die Erlaubnis erhalten haben. Heilung lässt sich auf dreierlei Art senden. Sie können sich still hinsetzen, an den betreffenden Menschen denken und ihm oder ihr heilende Gedanken schicken. Die zweite Methode setzt voraus, dass Sie Kontakt zu Ihrem Schutzengel haben. Ihr Schutzengel ist Ihr ganz besonderer Engel, der Ihnen vor Ihrer Geburt zugewiesen wurde und immer bei Ihnen ist. Ihr Schutzengel kümmert sich stets um Sie und hilft, wenn er darum gebeten wird. Er wird Sie nicht daran hindern, Fehler zu machen, es sei denn, Sie fragten ihn vorher um Rat. Aus Fehlern lernen wir mit am besten. Wenn Sie Kontakt zu Ihrem Schutzengel haben, dann können Sie ihn bitten, dem Schutzengel des oder der Kranken Botschaften der Heilung zu senden. Nach der dritten und letzten Methode bitten Sie Raphael, Liebe und Heilung zu senden.

HEILER WERDEN

Das Heilen ist eine überaus wichtige Tätigkeit. Wenn Sie spüren, dass Sie Ihre Berufung am besten erfüllen können, wenn Sie andere heilen, dann sollten Sie Raphael bitten, Ihnen zu helfen, der beste Heiler oder die beste Heilerin zu werden, die Sie werden können. Raphael wird Ihnen helfen herauszufinden, wie Sie Ihre Begabung auf diesem Gebiet optimal einsetzen können. Er wird die äußeren Umstände bestmöglich gestalten und dafür sorgen, dass Sie mit den richtigen Lehrern zusammenkommen und die passenden Kontakte knüpfen können. Mit Raphael an Ihrer Seite sind Ihren Möglichkeiten keine Grenzen gesetzt.

Raphael hat viele Rollen inne. Das Heilen gehört zu den wichtigsten, weshalb man ihn auch den göttlichen Arzt nennt. Aber er hat auch andere Aufgaben; so zum Beispiel sich um das Element Luft zu kümmern. Was dies bedeutet, damit werden wir uns im nächsten Kapitel befassen.

7

RAPHAEL UND DIE LUFT

In alter Zeit glaubte man, die Welt sei geschaffen worden, als die universelle Energie die vier Elemente Feuer, Erde, Luft und Wasser miteinander verband. Diese Elemente sind universelle Kräfte, und jedes gibt der Welt seine individuellen, einzigartigen Eigenschaften. Vor Tausenden von Jahren wurden den Elementen viele Attribute zugeordnet, so etwa Farben und Formen und die verschiedenen Zeichen des Tierkreises. Zwillinge, Waage und Wassermann sind die drei Luftzeichen. Orange und Violett sind die Farben der Luft, die oft als Kreis dargestellt wird. Raphael ist der Erzengel, der am häufigsten mit der Luft assoziiert wird.

Die vier Elemente sind so eine Art praktischer Kurzschrift und bilden ein hilfreiches mnemonisches System. So wird etwa die Willenskraft dem Feuer zugeschrieben; der Verstand der Luft, die Gefühle dem Wasser und der physische Körper der Erde. Wasser und Erde gelten als passiv und weiblich, Feuer und Luft hingegen als aktiv und männlich. Im Gegensatz zu den anderen Elementen ist die Luft unsichtbar. Man kann sie nicht greifen oder gar festhalten – und doch ist sie lebensnotwendig. Außerdem ist sie veränderlich. Luft kann im einen Augenblick noch völlig still sein und sich schon im nächsten in einen rasenden Tornado verwandeln.

Weil Raphael mit der Luft verbunden ist, können Sie immer dann Verbindung zu ihm aufnehmen, wenn Sie Gefühle und Verstand voneinander trennen müssen. Er kann Ihnen helfen, Stress und negative Denkmuster abzubauen.

DER ATEM

Eine sehr effektive Methode der Arbeit mit dem Element Luft ist die Konzentration auf den Atem. In den Experimenten, die wir bereits schilderten, haben Sie das ja schon öfter gemacht.

Setzen Sie sich bequem hin, schließen Sie die Augen und konzentrieren Sie sich auf den Atem. Zählen Sie dabei, beim Einatmen möglichst bis drei und beim Ausatmen wieder auf drei. Zählen Sie nur so lange, wie Sie tief und leicht atmen können. Nach ein paar Minuten werden Sie feststellen, dass Sie ganz von selbst in einen meditativen, kontemplativen Zustand kommen.

Denken Sie an das Element Luft und daran, was es für Sie bedeutet. Erinnern Sie sich an Momente, in denen Sie Luft als erfrischend und aufregend empfunden haben. Vielleicht haben Sie als Kind im Herbstwind Drachen steigen lassen. Ich erinnere mich, dass ich laut gejuchzt habe vor Freude, als ich als etwa Drei- oder Vierjähriger gegen einen kräftigen Wind anrannte.

Denken Sie an Raphael und daran, was Sie bereits über ihn wissen. Denken Sie an seine Verbindung zum Element Luft und versuchen Sie herauszufinden, in welcher Beziehung sie zu seinen übrigen Interessengebieten steht, zu Kreativität, Kommunikation, Lernen, Liebe und Lebensfreude. Vielleicht möchten Sie jetzt Kontakt zu ihm aufnehmen oder ihm einfach nur eine Botschaft des Dankes senden.

Konzentrieren Sie sich einige Atemzüge lang wieder auf Ihren Atem und öffnen Sie dann die Augen. Die täglichen Pflichten hin und wieder zu unterbrechen und ein paar Mal langsam und tief durchzuatmen, hilft sehr, Stress und Anspannung abzubauen. Zugleich erinnert es Sie daran, dass Raphaels Einfluss immer und überall um sie ist.

MIT DEM ATEM HEILEN

Das Heilen durch Behauchen einer Wunde oder eines schmerzenden Körperteils ist ein uraltes Verfahren und kann ergänzend zu anderen Heilmethoden eingesetzt werden. Atmen Sie zunächst ein paar Mal langsam und tief durch und füllen Sie Ihren Körper dabei mit heilender Energie an. Ich visualisiere gerne, dass ich reine grüne Farbe einatme, da diese mit Heilung verbunden ist. Wenn Sie spüren, dass Ihr Körper voller heilender Energie ist, dann beugen Sie sich dicht über den schmerzenden Körperteil und pusten Sie sacht über die Wunde. Visualisieren Sie dabei, dass er wieder gesund und voll funktionsfähig wird. Tun Sie dies zweimal täglich etwa zwei bis drei Minuten lang, bis die Wunde verheilt ist.

Sie können diese *Insufflation* (Anhauchung) genannte Technik auch anwenden, um allem, woran Sie arbeiten, günstige Energie einzuflößen. Eine meiner Bekannten, die erotische Liebesgeschichten schreibt, pustet immer rote Energie aufs Papier, bevor Sie schreibt. Sie sagt, so kommt sie besser in das richtige Denken und Empfinden für die Sorte Bücher, die ihre Leserinnen und Leser von ihr erwarten.

RÄUCHERWERK

Räuchern ist eine Möglichkeit, um das Element Luft sichtbar zu machen. Wenn der wirbelnde Rauch in Spiralen zum Himmel steigt, gewinnen wir ein Gefühl für die mysteriösen und mystischen Eigenschaften der Luft. Räucherwerk wird schon seit Jahrtausenden in Riten und Ritualen als Symbol des Elements Luft und auch zur Bewusstseinsveränderung verwendet. Ursprünglich glaubte man, dass der angenehme Geruch schwelenden Räucherwerks die Aufmerksamkeit der Götter anziehe. Auch Gebete und Bitten trage der wohlriechende Rauch zum Himmel, so hieß es. Die Bibel spricht mehrfach davon.[25] Auch das älteste bekannte Rezept für Räucherwerk stammt aus der Bibel (2. Mose 30, 34). Die Hebräer waren jedoch nicht die ersten, die Räucherwerk zu diesem Zweck benutzten. Wahrscheinlich haben sie es von den Sumerern, Babyloniern, Chaldäern, Kanaaniten und Ägyptern gelernt. Im alten Ägypten galt die Herstellung von Räucherwerk als eine so bedeutende Kunst, dass sie nur nach langer Ausbildung darauf spezialisierten Priestern gestattet war. Weihrauch wurde bei Sonnenaufgang, Myrrhe am Mittag und Kyphi bei Sonnenuntergang entzündet, um das Fortschreiten des Sonnengottes Ra auf seiner Reise durch den Tag zu ehren.

Auch in Delphi verwendete man Räucherwerk. Die Orakelpriesterin war von Rauch umhüllt, wodurch sie sich leichter in jenen Trancezustand versetzen konnte, den sie für ihre Voraussagen benötigte. Zwar weiß heute niemand mehr genau, was in Delphi geräuchert wurde, aber man vermutet Datura- und Lorbeerblätter. Diese sorgen für eine entsprechende Bewusstseinsveränderung.

Räucherwerk ist für ein breites Wirkungsspektrum erhältlich. Im Folgenden seien ein paar Vorschläge genannt, welche Kräuter zu welchem Zweck geräuchert werden können:

Angenehme Träume und Schutz im Schlaf:
Beifuß, Grüne Minze (Spearmint), Jasmin, Kamille, Katzenminze, Muskat, Pfefferminze, Ringelblume, Schlüsselblümchen, Sonnenblume, Zitronenverbena.

Geistige Anrufung:
Anis, Baldrian, Basilikum, Beifuß, Cassia (Gewürzrinde), Eibe, Eibisch (Hibiskus), Fingerkraut, Flieder, Johanniskraut, Koriander,

25 2. Mose 30, 1; 30, 27-34; 7, 29. 3. Mose 2, 1-10; 10, 1; 16, 13. 4. Mose 16, 46. Lukas 1, 9.

Lavendel, Rose, Sandelholz, Schafgarbe, Thymian, Weihrauch, Wermut, Zeder, Zimt.

Erfolg:
Basilikum, Eberesche, Engelwurz, Heidekraut, Ingwer, Johanniskraut, Mistel, Myrrhe, Ringelblume, Rose, Salomonssiegel, Weihrauch, Zeder, Zimt, Zitronenbalsam, Zitronenverbena.

Frieden:
Aloe, Gardenie, Kamille, Lavendel, Veilchen.

Heilung:
Aloe, Eberesche, Esche, Eukalyptus, Fenchel, Kamille, Kiefer, Knoblauch, Majoran, Minze, Nessel, Rosmarin, Safran, Salbei, Sandelholz, Schafgarbe, Thymian, Weide, Zimt, Zwiebel.

Intuition:
Augentrost, Beifuß, Eiche, Haselnuss, Holunder, Lavendel, Lorbeer (Holz), Lorbeerblätter, Muskat, Ringelblume, Rose, Schafgarbe, Sumpfdotterblume, Thymian, Wermut, Ysop, Zimt.

Liebe:
Alraune, Ambra, Anis, Baldrian, Basilikum, Bergamotte, Cassia (Gewürzrinde), Dill, Drachenblut, Echtes Herzgespann, Engelwurz, Estragon, Fenchel, Fingerkraut, Flieder, Geißblatt, Gewürznelke, Gileadbalsam, Ginseng, Glyzinie, Grüne Minze (Spearmint), Holunder, Ingwer, Jasmin, Kirsche, Lavendel, Mädesüß, Majoran, Mistel, Moschus, Myrte, Orange, Orchidee, Oregano, Pfefferminze, Piment, Ringelblume, Rose, Rosmarin, Salbei, Sandelholz, Schafgarbe, Schlüsselblume, Schwertlilie, Thymian, Veilchen, Vetiver, Wegerich, Wermut, Zimt, Zitronenbalsam.

Meditation:
Akazie, Eisenkraut, Jasmin, Kamille, Petersilie, Salbei, Sandelholz, Thymian, Weihrauch.

Raphael:
Anis, Augentrost, Basilikum, Cassia (Gewürzrinde), Dammarharz, Dill, Eisenkraut, Flieder, Gewürznelke, Haselnuss, Limette, Majoran, Minze, Muskat, Pfefferminze, Sandelholz, Storax, Zimt, Zitronenverbena.

Reinigen eines heiligen Platzes:
Eisenkraut, Gewürznelken, Kiefer, Thymian, Zimt.

Reinigung (allgemein):
Anis, Baldrian, Benzoeharz, Drachenblut, Eisenkraut, Fingerkraut, Heilziest (Gemeine Betonie), Kiefer, Lavendel, Rosmarin, Sandelholz, Thymian, Weihrauch, Ysop, Zitrone.

Schutz:
Akazie, Aloe, Alraune, Anis, Beifuß, Cassia (Gewürzrinde), Dill, Drachenblut, Eberesche, Efeu, Eisenkraut, Engelwurz, Farn, Fenchel, Fingerkraut, Flieder, Gewürznelke, Gileadbalsam, Heilziest (Gemeine Betonie), Immergrün, Johanniskraut, Kamille, Knoblauch, Koriander, Kümmel, Lavendel, Mädesüß, Majoran, Rose, Rosmarin, Salbei, Sandelholz, Stechpalme, Weißdorn, Wermut, Ysop, Zaubernuss, Zimt, Zitronenverbena, Zwiebel.

Selbstvertrauen:
Eiche, Estragon, Fenchel, Johanniskraut, Knoblauch, Kurkuma, Moschus, Rosmarin, Thymian.

Spiritualität:
Gewürznelke, Myrrhe, Sandelholz, Weihrauch, Zimt.

Weisheit und Wissen:
Basilikum, Cassia (Gewürzrinde), Engelwurz, Gileadbalsam, Knoblauch, Rosmarin, Salbei, Salomonssiegel, Schafgarbe, Sonnenblume, Thymian, Wermut, Zimt.

Wohlstand:
Anis, Cassia (Gewürzrinde), Drachenblut, Geißblatt, Gewürznelke, Grüne Minze (Spearmint), Johanniskraut, Kamille, Lavendel, Linde, Löwenzahn, Mädesüß, Mistel, Moschus, Muskat, Myrrhe, Odermennig, Orange, Pfefferminze, Ringelblume, Rose, Rosmarin, Salomonssiegel, Sandelholz, Schafgarbe, Sonnenblume, Vetiver, Weihrauch, Wintergrün, Zimt.

Es gibt eine ganze Reihe von Büchern, die beschreiben, wie man Räucherwerk selber herstellen kann.[26] Sie können es aber auch fertig kaufen. Räucherstäbchen und Räucherkegel gibt es für eine Vielzahl von Anwendungsmöglichkeiten, und sie sind inzwischen fast überall erhältlich.

Wenn Sie mögen, brennen Sie Räucherwerk immer dann ab, wenn Sie meditieren oder mit Raphael Kontakt aufnehmen. Sie können auch Gegenstände in den Rauch halten, um sie mit den gewünschten Eigenschaften aufzuladen. Wenn Sie sich zum Beispiel mehr Geld wünschen, könnten Sie einen kleinen Gegenstand, der zum Thema passt, in den Rauch einer „Wohlstands-Räucherung" halten und damit einen starken Talisman schaffen, der Fülle anzieht. Mit Räucherwerk können Sie aber auch unerwünschte Ener-

26 Unter anderem Scott Cunningham, *Das große Buch vom Weihrauch, Aromaölen und magischen Rezepturen*, Goldmann, München 2001. Ulrich Berk, *Räuchern – Die Karten*, Grafing 2006

gien auflösen. Verwenden Sie dazu intensives oder feuriges Räucherwerk und visualisieren Sie, wie es unerwünschte Haltungen oder Überzeugungen davonträgt. Direkt im Anschluss daran sollten Sie ein zweites Räucherwerk abbrennen, das die Eigenschaften anspricht, die Sie fördern möchten. Natürlich können Sie zu jedem beliebigen Zeitpunkt räuchern. Es erinnert Sie daran, dass Raphael immer bei Ihnen ist, und zugleich können Sie die wohltuenden Eigenschaften des jeweiligen Räucherwerks genießen.

DUFTLAMPEN

Nicht jeder mag Räucherwerk, und eine Duftlampe ist ein wirkungsvoller Ersatz. Eine Duftlampe ist eine kleine Schale, die auf einem Gestell über einer Kerze sitzt. Man kann sie in jedem Kaufhaus, auf Keramikmärkten, im Geschenkehandel, in Bioläden und Esoterik-Geschäften kaufen. Geben Sie etwas Wasser in die Schale und Kräuter oder Duftöl hinein. Zünden Sie die Kerze an, und schon bald erfüllt das verdunstende Wasser den Raum mit einem zarten Duft. Das schafft übrigens ausgezeichnete Bedingungen für jede Art von Arbeit mit Raphael, weil alle vier Elemente beteiligt sind: Wasser in der Schale, Feuer von der Kerze, Erde in Kräutern oder Öl und Luft im verdunstenden Wasser. So verbinden sich drei Elemente, um Raphaels Element Luft zu kreieren.

STIMME UND KLANG

„Im Anfang war das Wort" (Johannes 1, 1). Dieses Zitat zeigt, dass nach jüdisch-christlicher Tradition das Wort synonym ist mit dem Schöpfungsakt. Worte sind schöpferisch. Worte gelten seit jeher als mächtig, wie auch die berühmte jüdische Legende vom Golem zeigt. Ein Rabbi schuf einen Menschen aus Lehm und gab ihm Leben, indem er einen heiligen Namen auf seine Stirn schrieb.

Leider aber geriet der Golem außer Kontrolle. Der Rabbi veränderte einen Buchstaben in dem heiligen Namen, wodurch er nun „Tod“ bedeutete. Augenblicklich starb der Golem.

Nach muslimischer Überlieferung hörte Mohammed eine Stimme, als er in einer Höhle meditierte. Diese Stimme sagte ihm, dass er der religiöse Führer seines Volkes werden würde. Im Laufe der Zeit diktierte ihm diese Stimme den Koran. Die Muslime glauben, dass dies die Stimme des Erzengels Gabriel war.

Klang ist Energie, und das gesprochene Wort sendet Energie durch Raphaels Element Luft. Dies bedeutet, dass Ihre Stimme ein hochwirksames Werkzeug ist, dass jede Kommunikation mit Raphael verstärkt. Die Stimme ist ganz eindeutig mit dem Element Luft verbunden, und Ihre Worte sind potenziell unglaublich mächtig. Immer wenn Sie sprechen, senden Sie Ihre Botschaft durch die Luft. Das können Sie nutzen, um eine innigere Verbindung mit Raphael aufzubauen.

Chanten (Mantra-Singen) ist eine sehr wirkungsvolle Methode, um mediale und spirituelle Energie aufzubauen. In vielen Religionen wird es genutzt, um in einen anderen Bewusstseinszustand zu gelangen. Das englische Wort *Enchantment* (Entzücken) geht direkt darauf zurück. Jemand oder etwas wird durch das Chanten, das Mantra-Singen, *enchanted* – ent- oder sogar verzückt. Hebräische Mystiker verwenden die heiligen Namen Gottes, Anhänger des Islam die „99 Namen Allahs“. Im Osten chantet oder singt man Mantras. Om (oder Aum) gilt als der Urklang des Universums.

Ich höre gerne CD’s mit gregorianischen Gesängen und spiele sie auch regelmäßig anderen vor, um zu zeigen, worum es beim Chanten geht. So können sie zugleich die Technik dieser speziellen Art des Singens besser verstehen. Chants anzuhören ist heilsam und erbaulich, aber das Erlebnis ist unvergleichlich intensiver, wenn Sie mitchanten.

Töne zu erzeugen ist eine wirksame Methode, um Klänge ohne Worte hervorzubringen. Alles im Universum hat seinen eigenen, ganz besonderen Ton. Das Wissen darum macht es Menschen, die bestimmte Töne erklingen lassen können, möglich, andere zu heilen, indem sie jeweils den passenden Ton für den Menschen „anschlagen", mit dem sie sich gerade befassen.

Jeder Ton, den wir erzeugen, wird vom Element Luft aufgenommen. Deshalb senden wir mit jedem Singen oder Summen eine Botschaft an Raphael. Mit großer Wahrscheinlichkeit sind dies positive Botschaften, denn die meisten Menschen singen nur, wenn sie glücklich sind. Trommeln, Händeklatschen und ein Musikinstrument zu spielen, haben denselben Effekt.

Der Ausdruck „Sphärenmusik" bezieht sich auf die himmlischen Klänge, die Heilige im Zustand der Trance oder Ekstase hören. In der Bibel lesen wir: „Danach sah ich, und siehe, eine Tür war aufgetan im Himmel, und die erste Stimme, die ich mit mir hatte reden hören wie eine Posaune, die sprach: Steig herauf, ich will dir zeigen, was nach diesem geschehen soll." (Offenbarung 4, 1) Natürlich gehören auch die Töne der Engel zur Sphärenmusik: „Und ich sah, und ich hörte eine Stimme vieler Engel um den Thron …" (Offenbarung 5, 11). Engel werden oft eine Harfe spielend dargestellt. Diese Tradition könnte sich daraus entwickelt haben, dass Menschen sie spielen hörten.

Vor nicht allzu langer Zeit sprach ich mit einer Klavierlehrerin. Sie erzählte mir, dass sie regelmäßig einen kurzen Moment lang einen Engel sieht, wenn ein bestimmter Schüler von ihr spielt. Sie wollte nun wissen, warum sie den Engel immer nur bei diesem einen Schüler sah. Sie war sich auch nicht sicher, ob sie sich das Ganze bloß einbildete. Aber die Engelserscheinung war echt. Im Laufe der Jahre habe ich mit vielen Menschen gesprochen, die Engel gesehen haben, wenn schöne Musik gespielt wurde. Ich glaube auch, dass sie den Engel gerade bei diesem bestimmten Schüler sah, weil er völlig in der Musik aufging. So kam es, dass er jedes Mal, wenn er spielte, ein Gebet zum Himmel sandte.

Wenn wir ein Gebet laut sprechen, benutzen wir ebenfalls unsere Stimme. Das ist vielleicht nicht immer möglich, aber es kann ein sehr erhebendes Erlebnis sein. Viele Menschen sagen, sie fühlen sich dem Göttlichen enger verbunden, wenn sie ihre Gebete laut sprechen.

Über Gebete gibt es viele falsche Vorstellungen. Beten kann man überall und jederzeit. Ein Gebet ist ein Gespräch mit dem Architekten des Universums. Es mag manchmal einseitig scheinen, aber das ist nicht weiter verwunderlich, wenn man bedenkt, dass die meisten Menschen nur beten, wenn sie etwas wollen. Unser Gebet sollte immer einen Dank für die Segnungen in unserem Leben und für die vielen Möglichkeiten zu Wachstum und Entwicklung enthalten. Sprechen Sie einfach ganz normal. Es ist vollkommen unnötig, Gebete sehr förmlich und gestelzt zu formulieren.

In Tibet verwenden viele Menschen Gebetsmühlen und Gebetsfahnen. Beide nutzen das Element Luft. Die Mantras auf den Fahnen bläst der Wind ins Universum. Mantras werden auch auf Papierrollen geschrieben, anschließend von einem Lama gesegnet und dann in eine Gebetsmühle gelegt. Nun wird die Gebetsmühle gedreht, womit das Element Luft ins Spiel kommt. Das Drehen der Gebetsmühle gilt als nicht so wirkungsvoll wie das laute Sprechen des Gebets. Daher muss es sehr viel häufiger wiederholt werden, wenn es dieselbe Wirkung erzielen soll. Mantras, so heißt es, haben eine sehr starke Energie, weil sie aber so schwierig sind, geben die meisten Tibeter Gebetsfahnen und Gebetsmühlen den Vorzug.

Ein Klangspiel ist eine schöne Bereicherung Ihrer Wohnung oder Ihres Hauses, denn es erinnert Sie regelmäßig an Raphael und das Element Luft.

GLOSSOLALIE

Glossolalie heißt „Zungenreden“. Normalerweise tritt es auf, wenn die Sprechenden sich in einem erweiterten Bewusstseinszustand befinden. Meist wissen sie selbst nichts davon. Weil dabei die Stimme zum Einsatz kommt, ist dieses Phänomen mit Raphael verbunden, und man kann mittels Glossolalie Botschaften der Engel empfangen. Da man aber selbst nicht unbedingt mitbekommt, was geschieht, lohnt es sich, eine zweite Person hinzuzuziehen, die die Sitzung aufzeichnet oder schriftlich festhält.

Sitzen oder knien Sie an Ihrem heiligen Platz, schließen Sie die Augen und entspannen Sie sich. Sehen Sie vor Ihrem geistigen Auge, dass Sie auf mehreren Ebenen zugleich existieren. Denken Sie an Ihren physischen Körper, der Sie auf der Erde hält. Richten Sie Ihre Aufmerksamkeit auf Ihren Mentalkörper, mit dessen Hilfe Sie denken und schöpferisch sein können. Sie haben auch einen Emotionalkörper, durch den Sie fühlen und empfinden können, Ihr intuitiver Körper lässt Sie Inspiration empfangen und Ihr Geistkörper ist integraler Bestandteil des Göttlichen.

Werden Sie sich bei diesen Gedanken aller dieser Körper bewusst und erkennen Sie, wie einzigartig Sie sind. Sie können alles erreichen, was Sie wollen, und jetzt möchten Sie mit Raphael kommunizieren.

Singen Sie den Namen Raphael, jede Silbe auf einer anderen Note: Ra-pha-el. Singen Sie diese drei Noten immer wieder. Sie werden spüren, dass der Klang Ihren ganzen Körper durchdringt und dabei jede einzelne Zelle stimuliert und belebt. Bei vielen Menschen werden dabei unerwartet starke Emotionen geweckt. Das ist etwas vollkommen Normales, und Sie brauchen sich deshalb keinerlei Gedanken zu machen.

Nach einer Weile werden Sie spüren, dass Sie in einen anderen Bewusstseinszustand gelangt sind. Inzwischen bemerken Sie vielleicht kaum noch, dass Sie immer wieder dieselben drei Töne singen. Mit einem Mal werden Sie unwillkürlich aufhören zu singen und in einer seltsamen Sprache zu sprechen beginnen. Sie werden es höchstwahrscheinlich selbst gar nicht bemerken. Nach einer Weile hört es so plötzlich wieder auf, wie es begonnen hat, und Sie werden sich Ihrer selbst wieder bewusst.

Atmen Sie ein paar Mal langsam und tief durch, um sich wieder zu zentrieren, und öffnen Sie dann die Augen. Auch wenn Sie wahrscheinlich nicht wissen, was genau geschehen ist, fühlen Sie sich nun voller spiritueller Energie. Das ist ein Geschenk von Raphael. Breiten Sie Ihre Arme aus und danken Sie ihm aufrichtig, dass er Sie so gesegnet hat. Wenn Sie bereit sind, stehen Sie auf und setzen Sie Ihren normalen Tagesablauf fort.

AFFIRMATIONEN

Affirmationen sind positive Vorschläge, die dem Unbewussten absichtlich eingegeben werden, um bestimmte Ziele zu erreichen. Sie bestehen aus kurzen Sätzen, die man häufig und so lange wiederholt, bis das Unbewusste sie als Tatsache akzeptiert. Ist das geschehen, handelt das Bewusstsein des betreffenden Menschen entsprechend, und die günstigen Veränderungen stellen sich ganz von selbst ein.

Affirmationen zeigen, wie wichtig positives Denken ist. Auf unserem Lebensweg übernehmen wir Haltungen und Überzeugungen von anderen, und häufig behindern die ja später unsere weitere Entwicklung. Standen Ihre Eltern zum Beispiel Geld ablehnend gegenüber, dann werden Sie mit hoher Wahrscheinlichkeit dieselbe Haltung entwickeln. Das bedeutet, dass Sie sich unbewusst selbst sabotieren. Dagegen hilft nur, wenn Sie Ihre Meinung zum Geld ändern. Wir alle denken täglich etwa 50.000 bis 60.000 Gedanken, und zumeist wissen wir nicht, wie viele davon positiv und wie viele negativ sind. Mit Affirmationen übernehmen wir die Kontrolle darüber und können unserem Geist positive Gedanken eingeben.

Affirmationen kann man still oder laut wiederholen. Es ist besser, wenn Sie sie laut sprechen, denn so ist das Element Luft beteiligt, und Sie können sie hören, womit gleich noch ein weiterer Sinn beteiligt wird. Aber natürlich ist das nicht immer möglich. Ich sage mir regelmäßig Affirmationen vor, wenn ich in der Bank oder im Supermarkt warten muss. In solchen Situationen spreche ich sie in Gedanken still vor mich hin.

Affirmationen sollten im Präsens verfasst sein, als besäßen Sie bereits, was Sie suchen. Im Folgenden ein paar Assoziationen, die ich als hilfreich empfinde:

„Ich bin im Einklang mit dem Universum."
„Ich habe eine enge, liebevolle Beziehung zu Raphael."
„Ich bin ein liebevoller, mitfühlender Mensch."
„Ich lebe in allen Bereichen meines Lebens in Fülle."

Wichtig ist, dass Sie sich mit Ihren Affirmationen wohl fühlen. Wenn Sie nicht glauben, dass Sie je in allen Bereichen ihres Lebens in Fülle leben könnten, dann senden Sie diesen Gedanken zusammen mit der Affirmation in Ihr Unbewusstes, und die Affirmation funktioniert erst, wenn Sie Ihre Grundüberzeugung ändern.

Wenn Sie sich bei einer Affirmation nicht sicher sind, dann sagen Sie sich diese mehrmals laut vor und achten Sie darauf, was Ihr Körper dazu meint. Vielleicht verspüren Sie ein gewisses Unbehagen oder einen Frosch im Hals. Damit teilt Ihnen Ihr Körper mit, dass er mit der Affirmation nicht zufrieden ist. Nehmen Sie sich etwas Zeit und denken Sie darüber nach, warum das so sein könnte, und sagen Sie sich dann die Affirmation noch einmal vor. Tun Sie das so lange, bis Ihr Körper nicht mehr negativ, sondern positiv reagiert. Ab diesem Moment können Sie die Affirmation verwenden und wissen, dass Ihr Unbewusstes danach handeln wird.

Wiederholen Sie Ihre Affirmationen so oft wie möglich. Experimentieren Sie damit; singen Sie sie und sprechen Sie sie. Legen Sie die Betonung immer wieder auf ein anderes Wort. Flüstern und schreien Sie sie. Entwickeln Sie dabei eine spielerische Freude und denken Sie daran, dass Raphael weiß, was Sie tun und aktiv dazu beitragen wird, dass Sie Ihre Ziele erreichen.

Wenn Sie möchten, können Sie Raphael zu sich einladen, wenn Sie Ihre Affirmationen sagen. Entspannen Sie sich an Ihrem heiligen Platz, und wenn Sie bereit sind, bitten Sie Raphael, zu Ihnen zu kommen. Sagen Sie ihm, was Sie vorhaben. Erklären Sie ihm jede einzelne Affirmation und auch den Grund, warum Sie sie verwenden. Sagen Sie ihm, was Sie in Ihrem Leben ändern möchten, und bitten Sie ihn um Hilfe bei der Verwirklichung Ihres Vorhabens.

Schließen Sie danach die Augen und sprechen Sie Ihre Affirmationen mit so viel Energie und Begeisterung wie nur irgend möglich. Spüren Sie, wie jede Affirmation auf Sie wirkt, wenn Sie sie sprechen. Singen Sie einige, sprechen Sie andere zum Spaß mit verstellter Stimme, betonen Sie immer wieder ein anderes Wort und chanten Sie auch ein paar. Am Ende werden Sie sich vollkommen erfrischt und gestärkt fühlen und sicher sein, dass Sie alles erreichen können.

Wenn Sie fertig sind, bitten Sie Raphael um seine Meinung. Was er Ihnen zu sagen hat, wird Ihnen helfen. Vielleicht findet er, dass Sie Ihre Sache ganz ausgezeichnet machen und genau so fortfahren sollten. Vielleicht schlägt er aber auch eine andere Formulierung für eine bestimmte Affirmation vor; oder er rät sogar, eine Affirmation wegzulassen und stattdessen eine andere zu verwenden.

Sprechen Sie mit Raphael über alles, was Sie möchten, und danken Sie ihm dann. Natürlich können Sie das nicht jedes Mal tun, wenn Sie Ihre Affirmationen sagen, aber Sie werden feststellen, dass alles leichter und reibungsloser läuft, wenn Raphael aktiv daran beteiligt ist.

Erwarten Sie nicht sofort spürbare Ergebnisse. Sie säen Samen in Ihr Unbewusstes, und Sie müssen die Affirmationen regelmäßig wiederholen. Mit der Zeit akzeptiert Ihr Unbewusstes sie, und mit einem Mal stellen Sie fest, dass Sie genau das Leben führen, von dem Sie immer geträumt haben.

MANTRA-MEDITATION

Mantras sind heilige Worte aus den uralten vedischen Schriften. Wer diese Wortfolgen rezitiert, wird mit ihrer Kraft und ihrer Intention erfüllt. Dies geschieht auf unterschiedliche Weise. Zunächst einmal akzeptiert der oder die Rezitierende die wörtliche Bedeutung. Die Schwingungen, die während der Mantra-Rezitation im Körper entstehen, haben tiefgreifende Wirkung auf das physische, mentale, emotionale und spirituelle Befinden des betreffenden Menschen. Und schließlich gibt es da natürlich noch das magische Element. Es ist die Intention hinter jedem Mantra.

Om mani padme hum ist im Westen das bekannteste Mantra. Die wörtliche Bedeutung ist „Oh du Juwel im Lotos". Aber es bedeutet viel mehr als das. *Mani* bedeutet alles, was wertvoll ist, wozu auch ein erleuchteter Geist gehört. *Padme* steht für die Lotosblüte, die wiederum für das spirituelle Erwachen steht, was noch wichtiger ist. Dies bedeutet, dass Körper, Geist und Seele vollständig in diesem einen Mantra vertreten sind. Nach buddhistischer Tradition bezeichnet der Lotos (*padma*) unser Herz, und in ihm lebt das Juwel (*mani*), nämlich Buddha. In Singapur bedeutet dieses Mantra: „Möge Frieden auf der Welt sein."

Weil die Silbe *Om* am tiefsten Punkt der Kehle beginnt und bei den geschlossenen Lippen endet, hat sie einen Bezug zu Alpha und Omega, Anfang und Ende. Sie können dieses Mantra in einem Atemzug sagen. Atmen Sie tief ein. *Om* dauert etwa die erste Hälfte des Ausatmens, dann folgen *mani padme* und am Ende ein langgezogenes *hum.*

Wenn Sie dieses Mantra sprechen, sollten Sie eine starke Schwingung spüren, die durch Ihren Körper läuft, fast ein Summen. Wenn Sie es häufig wiederholen, werden Sie allmählich bemerken, dass Sie mit dem Unendlichen in Berührung kommen. Dies ist Sinn und Zweck der Mantras. Sie entwickeln ein Gefühl des Friedens und der Zufriedenheit und kommen zugleich der universalen Lebenskraft immer näher.

Om mani padme hum lässt sich für fast alles verwenden, aber es gibt zahlreiche Mantras, die ganz bestimmten Zwecken dienen.[27] Mantras funktionieren, weil die Schwingungen des Klangs eine günstige Wirkung auf das Nervensystem des rezitierenden Menschen entfalten.

In Indien muss jedes Mantra mit einer bestimmten Häufigkeit rezitiert werden. Als Gedächtnisstütze benutzt man dazu rosenkranzähnliche Holzperlenketten. Jede Kette enthält 108 Holzperlen, wovon eine etwas größer ist als die anderen. Diese Perle ist die Guru-Perle. Sie darf niemals überschritten werden. Deshalb endet die Mantra-Rezitation nach 108 Wiederholungen, oder die Rezitierenden lassen die Kette von da an wieder rückwärts durch die Finger gleiten.

Man hat mich gefragt, wie denn das Rezitieren eines östlichen Mantras wie *Om mani padme hum* einem westlichen Menschen zu einer engeren Verbindung mit Raphael verhelfen können soll. Einmal abgesehen von der Tatsache, dass Raphael bereit ist, jedem zu helfen, ganz gleich, wo jemand lebt oder welcher religiösen Herkunft er oder sie ist, nutzen Mantras das Element Luft. Deshalb

27 Es gibt zahlreiche CD's mit Mantras, aber auch hilfreiche Bücher, z.B. Christine Stecher *Mantras – Die Sprache der Götter*, Schirner 2002 oder Jan Ostrau, *Mantras, Heilige Laute der Kraft und wie wir sie nutzen können*, Lüchow 2005 (A. d. Ü. anstelle des Hinweises des Autors auf zwei nicht ins Deutsche übersetzte Bücher.)

ist es ganz egal, ob Sie eine Affirmation, ein Mantra oder ein Gebet sprechen, Raphael wird es hören.

Klang spielt in vielen spirituellen Disziplinen eine wichtige Rolle. So ist Nada-Yoga zum Beispiel Klangmeditation und nutzt Mantras, um das Denken zur Ruhe zu bringen.

RAPHAEL EINE SCHRIFTLICHE NACHRICHT SENDEN

In meinem Buch *Write Your Own Magic* erzähle ich von einem älteren Herrn, der seine Bitten mit unsichtbarer Tinte auf Papier schreibt und sie dann vom Gipfel eines heiligen Berges in die Luft entsendet.[28] Als mir auffiel, dass er seine Papierflieger in die vier Himmelsrichtungen schoss, sprach ich ihn an. Außerdem murmelte er dabei ein paar Worte vor sich hin. Als Kind habe ich mit unsichtbarer Tinte gespielt, aber ich wäre nie auf die Idee gekommen, damit Nachrichten an die Engel zu schicken. Natürlich möchte ich nicht, dass andere meine Mitteilungen an Raphael lesen, und je mehr ich darüber nachdachte, desto logischer erschien es mir.

Ich experimentierte in einem nahe gelegenen Park. Ich schrieb drei Mitteilungen und verwendete für jede eine andere Art unsichtbarer Tinte: Milch für die eine, Zitronensaft für die andere und unsichtbare Tinte für die dritte. Dann faltete ich die Bögen zu Papierfliegern und ging eines frühen Mittwochmorgens in den Park. Ich wandte mich nach Osten, und genau in dem Augenblick, als es hell wurde, schickte ich die Flieger jeweils mit einem Segen in die Luft. Inzwischen werden Sie wissen, warum ich diesen Tag, diese Zeit und diese Himmelsrichtung wählte. Mittwoch ist der Tag des Merkur, der dem Raphael zugeordnet ist. Die Morgendämmerung ist die Tageszeit des Elements Luft und Osten ist die Himmelsrichtung

---

28 Richard Webster, *Write Your Own Magic*, Llewellyn 2002

des Raphael. So, dachte ich, hätten meine Bitten den bestmöglichen Start.

Ich stand auf einer kleinen Anhöhe, und die Flieger wurden sofort von einer leichten Brise erfasst und schwebten und tanzten ein Weilchen, bevor sie im Gras landeten. Zwei Flieger landeten in etwa einhundert Metern Entfernung, der dritte aber legte mehr als dreihundert Meter zurück, und sein Flug endete erst, als er sich in einer Hecke verfing.

Ich freute mich, Raphael auf diese Weise Mitteilungen schicken zu können, aber schon hatte ich ein neues Problem. Sollte ich die Flieger liegen lassen, wo sie gelandet waren, oder sollte ich sie wieder einsammeln und in einen Papierkorb werfen? Ich lasse nicht gerne Müll herumliegen und bemühe mich eigentlich immer, einen Ort in einem besseren Zustand zu verlassen, als ich ihn angetroffen habe.

Mein Kompromiss war, die Flieger aufzuheben und mit nach Hause zu nehmen. Meine Bitten an Raphael galten einem kreativen Projekt, an dem ich damals gerade arbeitete und das sich als weitaus schwieriger erwies, als erwartet. Ich hatte dieses Projekt schon fast vergessen, weil ich gleichzeitig an mehreren arbeitete. Ein paar Wochen später fielen mir eines Abends die Flieger auf einem Regal in meinem Arbeitszimmer wieder ins Auge; und mir wurde klar, dass ich das Projekt, das mir so schwergefallen war, längst abgeschlossen hatte. Nachdem ich Raphael meine Nachricht geschickt hatte, war mir die Arbeit so leicht von der Hand gegangen, dass ich komplett vergessen hatte, wie schwierig alles zuvor gewesen war. Sofort sandte ich Raphael eine Dankesnachricht.

Seit damals habe ich Raphael auf diese Art viele Nachrichten geschickt. Auch heute noch hebe ich meine Flieger nach Möglichkeit auf und nehme sie mit nach Hause. Mehrere Male ist es jedoch passiert, dass der Flieger über den Park hinausflog und ich ihn nicht mehr finden konnte. In solchen Fällen bin ich immer wieder froh, dass ich meine Nachrichten nach wie vor mit unsichtbarer Tinte schreibe.

Nun haben Sie einige Möglichkeiten kennengelernt, wie Sie mit Raphael über sein Element Kontakt aufnehmen können. Im nächsten Kapitel werden wir uns die verschiedenen Edelsteine anschauen, die einen Bezug zu Raphael haben und erkunden, wie wir sie zur Intensivierung unserer Beziehung mit ihm einsetzen können.

8

RAPHAEL UND EDELSTEINE

Die heilende und heilige Kraft der Edelsteine haben die Menschen schon immer gespürt. Edelsteine werden in der Bibel oft erwähnt. Aaron, der erste Hohepriester Israels, trug eine Brusttasche mit zwölf großen Edelsteinen. Auf jedem war der Name eines der zwölf Stämme Israels eingraviert (2. Mose 28, 15-30). Diese Steine besaßen rätselhafte und wundersame Kräfte. Als der Apostel Johannes ein „Neues Jerusalem" beschrieb, sagte er, die Grundsteine der Mauern seien „geschmückt mit allerlei Edelsteinen". (Offenbarung 21, 19)

Edelsteine sind auch in so gut wie allen anderen Religionen bedeutsam. Der Talmud und der Koran erwähnen sie. Die hinduistischen Puranas sprechen von einer erstaunlichen, mit Juwelen besetzten Stadt namens Dwaraka, in der Krishna seine Besucher empfangen konnte. Für die alten Ägypter waren Edelsteine integraler Bestandteil des religiösen Lebens.

Edelsteine auf Ihrem Altar oder an Ihrem heiligen Ort ziehen den Besuch der Engel an. Die Schwingungen verschiedener Edelsteine fördern die Kommunikation mit den Engeln, was uns wiederum Zugang zu Erkenntnis, Wissen und Heilung ermöglicht. Drei Steine, nämlich Celestit, Angelit und Selenit, gelten als besonders günstig für den Kontakt mit Engeln. Wichtig ist auch Rutilquarz, scheint er doch Strähnen von Engelshaar in sich zu enthalten. Wie nicht anders zu erwarten, wird Rutilquarz häufig auch als Engelshaar bezeichnet.

Raphael fühlt sich zu vielen Edelsteinen hingezogen. Alle klaren, goldenen, blauen, gelben, weißen oder grünen Steine gefallen ihm.

Den richtigen Stein oder die richtigen Steine finden Sie am besten, wenn Sie sich in aller Ruhe im Fachhandel oder andernorts umsehen, wo Edelsteine verkauft werden. Sie werden feststellen, dass manche Steine auf Ihre Berührung reagieren, wohingegen andere gar nichts auszulösen scheinen. Nehmen Sie nacheinander so viele Steine wie nur möglich in die Hand. Manche werden buchstäblich zu Ihnen sprechen, andere hingegen völlig stumm bleiben. Wenn Sie einen Stein in der Hand halten, fragen Sie sich, wie und wozu Sie diesen Stein am besten verwenden könnten. Lassen Sie sich dabei viel Zeit. Manchmal erhalten Sie sofort in Gedanken eine Antwort, ein anderes Mal wieder stellt sich vielleicht nur das Gefühl ein, dass Sie diesen Stein kaufen sollten, auch wenn Ihnen nicht gleich eine bestimmte Verwendung dafür einfällt.

Womöglich besuchen Sie das Geschäft mehrmals, bevor Sie schließlich etwas kaufen. Wählen Sie Steine, die zu Ihnen „sprechen". Mit solchen Steinen werden Sie mehr Erfolg haben als mit Steinen, die Sie allein wegen ihres attraktiven Aussehens wählen.

Wenn Sie einen Stein gekauft haben, müssen Sie ihn reinigen, bevor Sie ihn verwenden. Das entfernt alle negativen Energien, die der Stein möglicherweise aufgenommen hat, bevor er in Ihren Besitz kam. Am einfachsten waschen Sie ihn dazu in Salzwasser. Wenn Sie am Meer leben, können Sie Meerwasser benutzen. Aber gewöhnliches Tafelsalz und Leitungswasser sind genauso gut. Lassen Sie den gewaschenen Stein dann an der frischen Luft in der ultravioletten Strahlung trocknen, die Tag und Nacht vorhanden ist.

Eine weitere wirkungsvolle Reinigungsmethode ist das Vergraben in der Erde. Lassen Sie den Stein vierundzwanzig Stunden darin ruhen. Wenn Sie in einer Stadtwohnung leben, können Sie Ihren Stein auch in der Erde einer Topfpflanze vergraben.

RAPHAELS HEILSTEINE

Grün ist die Farbe der Heilung. Sie schenkt Harmonie, Ausgeglichenheit, Zufriedenheit, Heiterkeit und inneren Frieden. Erinnern Sie sich noch an die Gefühle und Empfindungen, die Sie beim Gang durch den grünen Strahl des Regenbogens verspürt haben? Bei der Arbeit mit grünen Edelsteinen werden sich diese Gefühle wahrscheinlich wieder einstellen. Verwenden Sie einen beliebigen grünen Edelstein, der Ihnen gefällt, wenn Sie Raphael um Heilung anrufen.

AVENTURIN

Aventurin gehört zur Familie der Quarze und ist meist von grüner Farbe mit glänzenden Einschlüssen von Hämatit oder Mica. Er gilt schon seit jeher als Stein, den man in emotional aufwühlenden Zeiten bei sich tragen sollte. Er löst Stress, Ängste und Furcht und verstärkt das Gefühl der Unabhängigkeit, Sicherheit und Zuversicht.

CHRYSOPRAS

Der Chrysopras ist ein apfelgrüner, durchscheinender Chalcedon. Man fand ihn im Schmuck ägyptischer Mumien, was zeigt, dass seine besonderen Eigenschaften bereits seit Jahrtausenden geschätzt werden. Er ist der zehnte Stein, den Johannes in den Grundsteinen eines Neuen Jerusalem aufzählt (Offenbarung 21, 20). Albertus Magnus behauptete, Alexander der Große habe einen Chrysopras in seinem Gürtel getragen. Angeblich nahm Alexander bei der Rückkehr von seinem Indien-Feldzug im Euphrat ein Bad. Gürtel und Kleidung ließ er dabei am Ufer zurück. Während er im Wasser war, biss eine Schlange den Edelstein ab und ließ ihn ins Wasser fallen. Das hält allerdings selbst der ansonsten recht leichtgläubige Albertus Magnus für eine Fabel.

Dem Chrysopras werden viele Eigenschaften zugeschrieben. Man glaubte sogar, dass ein Verurteilter, der einen Chrysopras im Mund hielt, seiner Exekution entkäme, weil der Stein ihn nämlich unsichtbar machte. Chrysopras wird seit jeher mit den Augen in Verbindung gebracht. Camillus Leonardus schrieb: „Seine wichtigste Tugend ist, dass er das Augenlicht liebt. Er verleiht Beständigkeit in guten Taten und bannt Begehrlichkeit.“[29] Seine Eigenschaften sind mit den Jahren mehr geworden, und heute glaubt man, dass er seinen Trägerinnen und Trägern Erkenntnis, Selbsterkenntnis sowie eine erweiterte Wahrnehmung schenkt. Er fördert die Vorstellungskraft und lässt die Menschen, die ihn tragen, ihr verborgenes Potenzial erkennen. Er wirkt beruhigend und heilt den physischen und den Emotionalkörper. Außerdem kann er von Süchten befreien.

Der Chrysopras wurde im Laufe der Kreuzzüge in Europa eingeführt, und viele hielten ihn für den Heiligen Gral. Einige der bedeutendsten Exemplare aus jener Zeit sind heute im Dreikönigsschrein im Kölner Dom zu besichtigen.

GRÜNER JADE

In China gilt Jade als „die konzentrierte Essenz der Liebe“. Ein Schmetterling aus Jade symbolisiert eine lange und glückliche Ehe. Eine Legende erzählt von einem jungen Mann, der auf der Jagd nach einem Schmetterling versehentlich den Garten eines reichen Mandarins betrat. Er war sich sicher, dass er nun bestraft würde, traf aber stattdessen auf die Tochter des Mandarins und heiratete sie wenig später. Deshalb schenken junge Männer in China ihrer Verlobten häufig einen Jade-Schmetterling. Grüne Jade wird im Osten seit jeher geschätzt, und in China ist das älteste bekannte Schriftzeichen für Kaiser ein Strang Jadeperlen.

---

29 Camillus Leonardus, zitiert in William Jones, *History and Mystery of Precious Stones*, Richard Bentley and Son, London 1880.

Frühe spanische Entdecker in Mittel- und Südamerika brachten Jade nach Europa mit und unabsichtlich auch den Namen. Jade kommt von *piedra de hijada*, Stein der Seite. So nannten sie ihn, als sie beobachteten, dass die Bewohner des Landes den Stein zur Heilung von Nierenleiden verwendeten. Auch heute noch werden mit ihm alle Beschwerden des Unterleibs einschließlich Nierenleiden behandelt. Außerdem zieht er Fülle an.

GRÜNER JASPIS

Jaspis ist ein durchscheinender Stein, der überall auf der Welt gefunden wird. Meist ist er rot, gelb, braun, grün oder blau. Der berühmte Arzt Claudius Galen (ca. 129-199) schrieb: „Grüner Jaspis tut der Brust gut, wenn er darauf gebunden wird."[30] Andreas, im 10. Jahrhundert Bischof von Cäsarea, schrieb: „Der Jaspis, der wie der Smaragd von grünlicher Färbung ist, bezeichnet wahrscheinlich Petrus, den obersten Apostel, denjenigen, der Christi Tod so sehr in seinem tiefsten Inneren trug, dass seine Liebe zu Ihm immer lebendig und neu war. Sein inbrünstiger Glaube machte ihn zu unserem Hirten und Führer."[31]

Traditionell soll grüner Jaspis Zuversicht und Selbstwertgefühl stärken, Liebe und Zuneigung mehren und die Intuition verbessern. Er ist ein erdender Stein und deshalb wichtig für Sicherheit, Überleben und Wohlbefinden.

SMARAGD

Der Smaragd ist ein hellgrüner Beryll. Er ist der Geburtsstein des Monats Mai, denn die hellgrüne Farbe symbolisiert den Frühling

---

30 William Jones, *History and Mystery of Precious Stones.*

31 Andreas, zitiert in George Frederick Kunz, *The Curious Lore of Precious Stones*, Lippincott Company,. New York 1913.

und die Neugeburt, die diese Jahreszeit mit sich bringt. Es sind Berichte erhalten, wonach Smaragde bereits vor sechstausend Jahren auf den Märkten von Babylon gehandelt wurden.[32] Kleopatra trug Smaragde aus ihrer eigenen Mine in Oberägypten. Die alten Ägypter glaubten, dieser Stein mehre die Liebe und fördere die Fruchtbarkeit. Aristoteles schrieb, der Smaragd stärke bei seinem Besitzer das Bewusstsein der eigenen Wichtigkeit im Geschäftsleben und sichere den Erfolg vor Gericht und bei Rechtsstreitigkeiten, außerdem beruhige er die Augen. Der griechische Historiker und Edelsteinkundler Damigeron schrieb im zweiten Jahrhundert n. Chr.: „Er beeinflusst jegliche Art von Geschäften, und wenn man keusch bleibt, solange man ihn trägt, verleiht er Körper und Rede zusätzlich Substanz."[33]

Traditionell glaubte man, der Smaragd schärfe den Verstand, verbessere das Gedächtnis und reinige die Gedanken. Smaragde gelten auch als Schutzamulette und sollen negative Energien an ihren Absender zurücksenden. Smaragde wirken erhebend und öffnen den Blick in die Zukunft. Träume von Smaragden galten als sicheres Zeichen für künftigen Ruhm und weltlichen Erfolg.

Smaragde werden seit jeher mit Liebe, Freundlichkeit und Ehrlichkeit verbunden. Sie fordern diese Eigenschaften von jedem, der mit ihnen heilen möchte.

RAPHAELS STEINE DER KREATIVITÄT

Wenn Sie mit Raphaels Hilfe Kreativität, Gedächtnis oder Lernfähigkeit verbessern möchten, können Sie dazu jeden beliebigen gelben, orange- oder goldfarbenen Stein verwenden.

32 Bruce G. Knuth, *Gems in Myth, Legend and Lore*, Jewelers Press, Thornton 1999.

33 Damigeron, übersetzt von Patricia P. Tahil, *De Virtutibus Lapidum: The Virtues of Stones*, Ars Obscura, Seattle 1989.

BERNSTEIN

Bernstein ist fossilisiertes, ausgehärtetes Kiefernharz; es entstand vor etwa fünfzig Millionen Jahren. Die ältesten dreidimensionalen Kunstwerke in Nordeuropa wurden aus Bernstein geschnitzt; sie sind etwa neuntausend Jahre alt. Über seine Herkunft gibt es viele Theorien. Der griechische Politiker Nicias (?-413 v. Chr.) hielt ihn für die Essenz der Sonnenstrahlen, die beim Untergang der Sonne im Meer abgebrochen waren.

Bernstein galt ursprünglich als Heilstein und wurde empfohlen bei Pest, Impotenz, Schwindel, Herzerkrankungen und um Blut zu stillen. Im Mittelalter glaubte man, er zeige an, ob in einer Substanz Gift enthalten sei. Jede Farbveränderung deutete man als Anzeichen schwindender Zuneigung. Im 16. Jahrhundert behauptete Leonardus: „Legt man den Bernstein seinem Weib auf die linke Brust, während sie schläft, so bekennt sie alle ihre üblen Taten. Wollen wir wissen, ob eine Frau Schande getrieben hat, so lege man den Stein drei Tage lang in Wasser und zeige ihn ihr dann. Ist sie schuldig, wird er sie sofort zum Wasserlassen bringen."[34]

Heute gilt Bernstein als Symbol ehelicher Treue. Er hilft Männern wie Frauen, ihre weibliche Seite besser zum Ausdruck zu bringen. Er soll Denken, Körper und Seele reinigen und dabei alles Negative herausziehen und vernichten. Außerdem fördert er die Erinnerung an frühere Leben sowie Konzentration und Gedächtnis.

BERYLL

In römischer Zeit galt der Beryll als der Stein der jungen Liebe, der allen Liebenden, die ihn trugen, Großes versprach. Außerdem galt

34 Camillus Leonardus, *The Mirror of Stones: In Which the Nature, Generation, Properties, Virtues and Various Species of more than 200 Different Jewels, Precious and Rare Stones are Distinctly Described*, J. Freeman, London 1750; ursprünglich veröffentlicht als Speculum Lapidum, Venedig 1502

er als ausgezeichnetes Heilmittel bei Augenleiden. Das betroffene Auge musste dazu mit Wasser ausgewaschen werden, in dem ein Beryll aufgelöst worden war.

Im 13. Jahrhundert schrieb Arnoldus Saxo, der Beryll sei ein wirksamer Schutz in der Schlacht. „Er machte seinen Träger unbesiegbar und zugleich liebenswert; verlieh ihm einen raschen Verstand und kurierte ihn von Faulheit."[35]

Im Mittelalter war der Beryll ein bekannter Orakelstein. Man verwendete den Stein unter anderem an einem Faden befestigt als Pendel. Nach einer anderen Methode ließ man den Stein in eine Schüssel mit Wasser fallen und deutete die Art, in der die Wasseroberfläche sich kräuselte.[36] Als besonders nützlich galt er bei der Suche nach verlorenen oder verborgenen Gegenständen. In seinem Klassiker *The Discoverie of Witchcraft* erklärt Sir Reginald Scot, wie der Beryl zur Divination verwendet wurde: „Ein ehelich geborenes Kind musste den Stein in die Hand nehmen, der Weissagende hinter ihm knien und ein Gebet zur heiligen Helena sprechen, dass das, was er wünschte, in dem Stein sich zeigen solle. Der feinste Stein zeigte sodann ein Bild der Heiligen in Engelsgestalt und beantwortete jede Frage, die ihr gestellt wurde."[37]

Träume von Beryll sind Anzeichen eines bevorstehenden raschen Aufstiegs im Beruf sowie der Achtung und Ehrerbietung. Beryll schenkt Erkenntnis, Wahrheit, Offenheit und Wissbegierde.

CITRIN

Der Name Citrin kommt vom französischen *Citron* für Zitrone. Der Citrin heißt auch der „Wohlstandsstein", weil er denen, die ihn besitzen, Fülle und Reichtum schenkt.

35 George Frederick Kunz, *The Curious Lore of Precious Stones*

36 John Sinkankis, *Emerald and other Beryls*, Geoscience Press, Prescott 1989.

37 Reginald Scot, *The Discoverie of Witchcraft*, ursprünglich veröffentlicht 1584. Der Autor zitiert aus der bei John Rodker, London 1930, erschienenen Ausgabe.

Der Citrin ist ein wärmender, tröstender und anregender Stein. Er löst Negativität auf und fördert das körperliche Wohlbefinden. Er hat eine zweifache Verbindung zu Raphael: Er „schützt den Träger vor den Gefahren des Reisens"[38] und schenkt allen Lernenden Mut und Antrieb.

GELBER SAPHIR

Saphir gibt es in vielen verschiedenen Farben, von farblos bis schwarz. Schon im alten Ägypten verwendete man ihn, um Fremdkörper aus dem Auge zu entfernen und Augenkrankheiten zu behandeln.

Man sagt, er habe eine enge Verbindung zur geistigen Welt. Der mittelalterliche Schriftsteller Bartolomaeus Angelicus schrieb: „Auch Hexen lieben diesen Stein gar sehr, denn sie wähnen, dass sie mittels dieses Steines gewisse Wunder wirken könnten."[39]

KARNEOL

Der Karneol wird im Ägyptischen Totenbuch als schützendes Totenamulett erwähnt. Obschon der erste der zwölf Steine in der Brusttasche des Aaron ein Sardonyx sein soll, geht man doch allgemein davon aus, dass es ein Karneol war. Mohammed soll einen silbernen Siegelring mit einem Karneol getragen haben. Mohammedaner glauben immer noch, dass der Träger eines solchen Siegels Gott nahe ist.

Karneole sollen Mut und eine kräftige, klare Stimme verleihen. Auch heute noch verwendet man Karneole, um Angst und Furcht zu mindern sowie Zuversicht und Selbstwertgefühl zu fördern. Er

38 William Jones, *History and Mystery of Precious Stones*

39 Bartolomaeus Angelicus, zitiert in George Frederick Kunz, *The Curious Lore of Precious Stones*.

stabilisiert die Gefühle, mehrt die Liebe innerhalb der Familie und fördert klares Denken. Er hilft, sich auf den gegenwärtigen Augenblick zu konzentrieren, statt in Zukunft oder Vergangenheit zu leben.

RAPHAELS KLASSISCHE HEILSTEINE

Raphael gilt üblicherweise als mit klarem Quarz und Diamant verbunden.

QUARZ

Quarz ist ein extrem häufig vorkommender Stein, der in der ganzen Welt gefunden wird. Er wird seit jeher mit Visionen und Träumen in Zusammenhang gebracht. Vor 2500 Jahren beobachtete der griechische Priester Onomakritis: „Wer mit diesem (Quarz) in Händen in den Tempel geht, der kann recht sicher sein, dass sein Gebet erhört wird, denn die Götter können seiner Kraft nicht widerstehen.“[40] Die alten Griechen hielten Quarz für versteinertes Eis, und dieser Glaube hatte bis mindestens ins 11. Jahrhundert Bestand. Quarz stand schon immer in Bezug zum Heilen, man verwendete ihn, um Blutungen zu stillen und die Ruhr zu stoppen. Außerdem schützt er vor gefährlichen Tieren, Ertrinken, Feuersbrünsten, ja sogar Diebstahl. Im 16. Jahrhundert schrieb der italienische Arzt Camillus Leonardus: „Ein Kristall (Quarz), den man über Schlafende hängt, hält böse Träume fern und löst Zauber; im Mund bewahrt, stillt er den Durst, und mit Honig zerstoßen, füllt er die Brust mit Milch.“

Heute wird Quarz zur Reinigung sowie zur Verstärkung und Erweiterung medialer Energie verwendet. Er kann auch mit hei-

---

40 Onomakritis, zitiert in Edwin W. Streeter, *Precious Stones and Gems*, Chapman and Hall Limited, London 1877.

lenden Gedanken aufgeladen werden, um diese Energie auf andere zu übertragen.

DIAMANT

Seltsamerweise werden Diamanten erst seit dem 4. Jahrhundert v. Chr. geschätzt, als indische Graveure ihre besonderen Eigenschaften erkannten. Es gibt eine Reihe biblischer Hinweise auf Diamanten, die früher liegen, dies aber deshalb, weil das Wort Diamant vom griechischen *adamas* kommt, was extreme Härte bedeutet. Daher wurde jeder harte Edelstein Diamant genannt.

Wegen seiner großen Härte gilt der Diamant seit jeher als unbesiegbar und ihm wurde deshalb die Kraft zugeschrieben, jede Krankheit zu heilen. Hildegard von Bingen (1098-1179) behauptete, wenn man einen Diamant in der einen Hand halte und mit der anderen das Kreuzzeichen über ihn mache, so vervielfachten sich seine Heilkräfte. Marco Polo sagte, die Härte des Diamanten sei ein sicheres Anzeichen dafür, dass er Unglück und alle Gefahren abwende. Verbreitet glaubte man jedoch, dass der Diamant seine talismanischen Eigenschaften verlöre, wenn man ihn kaufte. Wenn er als Talisman wirken sollte, musste man ihn als Geschenk erhalten haben.

EINEN EDELSTEIN RAPHAEL WIDMEN

Es gibt mehrere Möglichkeiten, wie Sie Ihren Edelstein Raphael widmen können. Die einfachste Methode: Halten Sie ihn in der Handfläche Ihrer linken Hand, die in Ihrer rechten ruht, und sprechen Sie mit ihm. Sagen Sie dem Stein, dass Sie eine dauerhafte enge Verbindung mit Raphael aufbauen möchten und Sie vorhaben, den Stein mit positiver Energie zu füllen, damit dies Realität wird. Sagen Sie dem Stein alles, was Ihnen in den Sinn kommt, und warten Sie dann auf eine Antwort. Vielleicht spüren Sie etwas in Ihrer linken Handfläche, wenn der Stein antwortet. Oder Sie hören eine zarte Stimme, die Ihnen sagt, dass alles in Ordnung ist. Womöglich aber verspüren Sie einfach nur eine innere Gewissheit oder ein überwältigendes Gefühl der Liebe.

Nach einer etwas aufwändigeren Methode halten Sie den Stein ebenfalls in der linken Hand. Sitzen Sie dabei bequem und entspannen Sie den Körper. Schließen Sie die Augen und visualisieren Sie den Stein. Stellen Sie sich vor, dass er immer größer wird, bis Sie das Gefühl haben, Sie könnten darin umhergehen. Sehen Sie sich vollkommen von Ihrem riesigen Stein umgeben. Genießen Sie das Gefühl der Sicherheit und des Trostes, das Sie in Ihrem Stein erleben. Sprechen Sie mit dem Stein und nehmen Sie das Echo Ihrer Stimme in der großen Kammer wahr, wenn Sie ihm sagen, dass Sie ihn Raphael widmen möchten. Warten Sie, bis der Stein antwortet. Er wird sich freuen, Ihnen in dieser Rolle dienen zu dürfen, und Sie werden eine positive Reaktion erhalten. Sprechen Sie so lange mit dem Stein, wie Sie mögen. Treten Sie dann aus ihm heraus und lassen Sie ihn wieder auf seine normale Größe schrumpfen. Sobald Sie Ihren Stein geweiht haben, können Sie damit regelmäßig Kontakt zu Raphael aufnehmen. Halten Sie ihn in der Hand, wenn Sie mit Raphael kommunizieren. Nehmen Sie ihn auch immer in die Hand, wenn Sie beten oder Affirmationen sagen. Wenn Sie Raphael Briefe schreiben, können Sie den Stein über Nacht darauf legen, voller Zuversicht, dass Raphael sie erhalten wird. Es ist gut, wenn Sie den Stein stets bei sich tragen, denn so brauchen Sie ihn, sobald Sie das Bedürfnis nach Raphaels Trost oder Unterstützung haben, nur zu berühren.

PENDELN MIT EINEM EDELSTEIN

Die meisten Menschen denken beim Pendeln und Rutengehen nur an die Suche nach Wasseradern; aber das ist nur ein kleiner Teil dessen, was Pendeln alles kann. Mit dem Pendel oder der Rute kann man auch nach Gold, Öl, verlorenen Gegenständen oder gestohlenem Besitz suchen. Aber auch zu ganz anderen Zwecken kann man es nutzen, etwa um Nahrungsmittel auf Frische zu testen oder sich am Samstagabend für den richtigen Kinofilm zu entscheiden. Mit dem Pendel können Sie auch Rat und Hilfe von den Engeln erhalten.

Als Erstes benötigen Sie ein Edelsteinpendel. Solche Pendel gibt es in Esoterik-Läden und Esoterik-Abteilungen von Buchhandlungen, ja sogar im Geschenkehandel. Wenn Sie ein Pendel gefunden haben, das Ihnen gefällt, halten Sie es zwischen Daumen und Zeigefinger Ihrer dominanten Hand. Leichter ist es, wenn Sie dabei den Ellbogen auf eine Tischplatte stützen und das Pendel etwa zwei bis drei Zentimeter über der Tischplatte schwingen lassen.

Halten Sie das Pendel mit Ihrer freien Hand an und fragen Sie es dann, welche Bewegung *Ja* bedeutet. Es gibt vier Möglichkeiten. Das Pendel bewegt sich entweder seitwärts oder vor und zurück oder es kreist, entweder im oder gegen den Uhrzeigersinn. Wenn Sie wissen, was *Ja* ist, fragen sie nach der Bewegung für *Nein*. Wiederholen Sie dasselbe für die Antworten *Ich weiß nicht* und *Ich möchte nicht antworten.*

Üben Sie, indem Sie dem Pendel Fragen stellen, deren Antwort Sie bereits kennen. Vielleicht fragen Sie, ob Sie so heißen, wie Sie tatsächlich heißen. Das Pendel sollte mit *Ja* antworten. Dann fragen Sie, ob Sie, in ihrem Fall, dreißig Jahre alt sind. Wenn das zutrifft, sollte das Pendel mit *Ja* antworten. Wenn nicht, sollte es die Frage selbstverständlich verneinen.

Wenn Sie das Pendel so getestet haben und stets zutreffende Antworten erhalten, stellen Sie ihm Fragen, deren Antwort Sie nicht kennen, aber überprüfen können. Vielleicht fragen Sie es, ob Ihr Partner oder Ihre Partnerin gerade im Supermarkt ist. Schreiben Sie sich die Antwort des Pendels auf und testen Sie deren Richtigkeit, wenn er oder sie nach Hause kommt. Wenn Ihr Partner oder Ihre

Partnerin ein Handy hat, können Sie das auch gleich tun. Sie können nacheinander mehrere Orte erfragen, bis das Pendel bestätigt, dass er oder sie gerade an einem bestimmten Ort ist und dann anrufen, ob die Antwort stimmt.

Sobald sich das Pendel Ihnen so bewiesen hat, können Sie es zur Kontaktaufnahme mit Raphael verwenden. Setzen Sie sich dazu an Ihren heiligen Platz und verweilen Sie ein paar Minuten in stiller Meditation. Entspannen Sie Körper und Geist. Wenn Sie bereit sind, nehmen Sie das Pendel zur Hand und sagen Sie ihm, dass Sie es zur Kommunikation mit Raphael verwenden wollen. Freut sich das Pendel, dass es dazu benutzt wird? Es sollte darauf mit *Ja* antworten. Bitten Sie Raphael, zu Ihnen zu kommen. Wenn Sie die zuvor besprochenen Übungen oft gemacht haben, werden Sie es wahrscheinlich wissen, wann er kommt, aber das Pendel wird Sie auf jeden Fall durch eine positive Reaktion darauf aufmerksam machen. Jetzt können Sie Raphael Fragen stellen, die sich auf die vier Arten beantworten lassen, die dem Pendel möglich sind. Sie können Raphael alles fragen. Sprechen Sie über Ihre Hoffnungen und Träume und fragen Sie Raphael, wie Sie diese verwirklichen können. Danken Sie Raphael am Ende für seine Hilfe und verabschieden Sie sich. Das Pendel wird mit einer bejahenden Antwort reagieren. Denken Sie noch einige Minuten über die Kommunikation mit Raphael nach, die Sie gerade hatten, und stehen Sie erst dann auf.

Vielleicht fragen Sie sich, warum man Antworten von Raphael erpendeln sollte, wenn man ihm dieselben Fragen nach einer der bereits besprochenen Methoden auch einfach so stellen kann. Jeder Mensch ist anders, und manche erhalten tatsächlich beim Pendeln klarere Antworten als mit jeder anderen Methode.

Es ist gut, wenn Sie mit verschiedenen Methoden experimentieren. Dabei werden Sie möglicherweise feststellen, dass heute die eine und morgen eine andere Methode das Richtige für Sie ist. Während meiner Ausbildung zum Hypnotherapeuten lernten wir viele verschiedene Methoden kennen, um Menschen zu hypnotisieren. Damit sollte verhindert werden, dass wir Schmalspur-Therapeuten würden, die ihre Klienten nur auf eine einzige Art und Weise in Hypnose versetzen können. Schließlich sind unsere Klienten individuell verschieden, und was beim einen wunderbar funktioniert, mag an einem anderen Tag oder bei einem anderen Menschen nicht annähernd so gut klappen. Dasselbe gilt für den Kontakt zu den Engeln. Sie werden unweigerlich ein oder zwei Methoden entdecken, die Ihnen lieber sind als alle anderen, aber es ist immer gut, wenn man von Zeit zu Zeit auch andere Methoden nutzen kann.

Edelsteine dienen vielen Zwecken. Sie können sie als Amulett tragen, damit Sie Raphael immer bei sich haben. Mit Raphaels Hilfe können Sie sie auch bei sich selbst und anderen zur Heilung verwenden. Edelsteine spielen auch bei der Heilung der Chakras eine bedeutende Rolle. Chakras sind wirbelnde Energie-Räder in der Aura. Im nächsten Kapitel entdecken Sie, welche Rolle Raphael dabei spielt, damit Ihre Chakras harmonisch funktionieren.

9

RAPHAEL UND DIE CHAKRAS

Wir sind von einer unsichtbaren ovalen Blase umgeben, die man die Aura nennt. Die Aura ist eine Erweiterung des physischen Körpers, die sich abhängig von verschiedenen Bedingungen, wie zum Beispiel Energieniveau, Begeisterungsgrad oder Gesundheitszustand, ausdehnt oder zusammenzieht. Auch wenn die meisten Menschen sie nicht sehen können, so leuchtet die Aura doch in allen Farben des Regenbogens. Es gibt viele Bücher über die Kunst des Aura-Sehens und -Lesens.[41]

In der Aura gibt es sieben geistige Zentren voller Energie, die sogenannten Chakras. Fünf sind entlang der Wirbelsäule angeordnet, die übrigen beiden im Kopf. Das Wort *Chakra* kommt aus dem Sanskrit und bedeutet Rad. Die Chakras wurden so genannt, weil sie meist als wirbelnde Energiekugeln wahrgenommen werden. Jedem Chakra ist eine bestimmte Farbe zugeordnet. In gewissem Sinne kann man sie als geistige Leiter verstehen, die zur Erleuchtung führt. Im Idealfall ist jedes Chakra ausgeglichen und funktioniert gut. Tatsächlich aber sorgen emotionale Sorgen und Stress häufig für Probleme in den Chakras, die sich dann im physischen Körper widerspiegeln.

---

41 Richard Webster, *Die Botschaft der Aura. Ein praktisches Einführungsbuch*, Droemer Knaur 2000. Mark Smith, *Aura-Sehen schnell und einfach*, Silberschnur 1999. John Mann und Lar Short, *Der feinstoffliche Körper*, Windpferd 1993. Alle Titel enthalten Methoden, wie man die Aura sehen kann.

WURZEL-CHAKRA

Farbe: Rot
Erzengel: Sandalphon
Edelsteine: Blutstein (Hämatit, Eisenglanz), roter Granat, Jaspis, Rubin.

Das Wurzel- oder Basis-Chakra sitzt am unteren Ende der Wirbelsäule. Es betrifft Erdung, Überleben, Selbsterhaltungskraft, Vitalität und Stärke. Wenn dieses Chakra ausgeglichen ist, fühlt sich der Mensch gut geerdet und hat sein Leben im Griff. Blockaden in diesem Chakra machen aggressiv und störrisch.

SAKRAL-CHAKRA

Farbe: Orange
Erzengel: Chamuel
Edelsteine: Bernstein, Karneol, Mondstein, Orangencalcit, Topas.

Das Sakral-Chakra liegt zwischen Nabel und Schoß. Es betrifft Kreativität, Sicherheit und Sexualität. Ist es im Gleichgewicht, fühlt man sich lebensfroh, optimistisch und im Einklang mit seinen Gefühlen und interessiert sich auch für Wohl und Wehe anderer. Blockaden in diesem Chakra können zu Frigidität und dem Gefühl völligen Alleingelassenseins führen.

SOLARPLEXUS-CHAKRA

Farbe: Gelb
Erzengel: Uriel
Edelsteine: Citrin, gelber Jaspis, Tigerauge.

Das Solarplexus-Chakra liegt ungefähr zwei Fingerbreit über dem Nabel. Dieses Chakra betrifft Logik, Intellekt und unsere Ziele. Ist dieses Chakra ausgeglichen, ist der Mensch kontaktfreudig, freundlich, gelassen und großzügig. Blockaden in diesem Chakra führen zu psychischen Problemen.

HERZ-CHAKRA

Farbe: Grün
Erzengel: Raphael
Edelsteine: Aventurin, Jade, Kunzit, Smaragd.
Das Herz-Chakra liegt in der Mitte der Brust auf der Höhe des Herzens. Es betrifft Mitgefühl, Akzeptanz, Beziehungen und Liebe. Dazu gehören sowohl die körperliche Liebe als auch die bedingungslose Liebe zur ganzen Menschheit. Ist dieses Chakra ausgeglichen, so ist der betreffende Mensch mitfühlend, liebenswürdig und im Kontakt mit seinen Gefühlen. Wie nicht anders zu erwarten, kann jemand mit Blockaden in diesem Chakra seine Gefühle nur schwer ausdrücken.

KEHLKOPF-CHAKRA

Farbe: Blau
Erzengel: Michael
Edelsteine: Aquamarin, Chrysokoll, Lapislazuli, Türkis.
Das Kehlkopf-Chakra sitzt im Hals und betrifft Selbstdarstellung, Kreativität, Wahrheit und Kommunikation, besonders verbale Kommunikation. Ist dieses Chakra ausgeglichen, ist der Mensch zufrieden, kreativ, inspirierend und spirituell. Blockaden in diesem Chakra führen zu Inflexibilität und Kontrollzwang.

STIRN-CHAKRA

Farbe: Indigo
Erzengel: Gabriel
Edelsteine: Amethyst, blauer Calcit, Lapislazuli, Türkis.

Dieses Chakra sitzt zwischen den Augenbrauen und betrifft die innere Schau, Erkenntnis, Weisheit, Intuition und Selbstachtung. Ist dieses Chakra ausgeglichen, hängt der Mensch nicht an materiellem Besitz, hat keine Angst vor dem Tod und möchte seine Hellsichtigkeit und Spiritualität weiterentwickeln. Ist es blockiert, treibt man ziellos durchs Leben.

SCHEITEL-CHAKRA

Farbe: Violett
Erzengel: Zadkiel
Edelsteine: Amethyst, Charoit, klarer Quarz, Selenit.

Das Scheitel-Chakra sitzt unmittelbar über dem Scheitel. Es betrifft Erleuchtung, Verständnis und Spiritualität. Es öffnet uns für die göttliche Energie. Alle besseren menschlichen Eigenschaften, wie Mitgefühl, Hingabe, Opferbereitschaft und Liebenswürdigkeit, sind in ihm vertreten. Blockaden in diesem Chakra führen zu einem Gefühl des Isoliertseins und zu Glaubensverlust.

DIE CHAKRAS AUSGLEICHEN

Den Zustand Ihrer Chakras können Sie mit dem Pendel testen. Fragen Sie Ihr Pendel, ob Ihr Wurzel-Chakra ausgeglichen ist. Gehen Sie dann der Reihe nach alle Chakras durch. Sind sie alle ausgeglichen, erhalten Sie sieben bejahende Antworten und können an dieser Stelle aufhören. Sind jedoch eines oder mehrere Chakras aus dem Gleichgewicht geraten, müssen Sie die Harmonie in ihnen wiederherstellen. Dies ist auf verschiedene Weise möglich.

Nach einer sehr effektiven Methode schließt man die Augen und atmet eine bestimmte Menge der zum betreffenden Chakra gehörenden Farbe ein. Visualisieren Sie, wie die Farbe in Ihren Körper eindringt und im Bereich des jeweiligen Chakras umherwirbelt. Tun Sie das etwa ein bis zwei Minuten und testen Sie das Chakra dann erneut mit dem Pendel. Wiederholen Sie das so oft wie nötig, bis Ihr Pendel Ihnen eine positive Antwort gibt.

Bei einer zweiten Methode legen Sie sich hin und bitten Raphael, zu Ihnen zu kommen. Legen Sie einen Edelstein, der in Bezug zum entsprechenden Chakra steht, über das unausgeglichene Chakra und lassen sie ihn mehrere Minuten lang dort liegen. Sprechen Sie in dieser Zeit mit Raphael über alles, was Sie möchten. Bitten Sie Raphael danach, den Stein für Sie zu segnen. Behalten Sie den Stein den restlichen Tag über bei sich und nehmen Sie ihn so oft wie möglich in die Hand.

Mit der Regenbogen-Meditation aus Kapitel Sechs können Sie alle Chakras energetisieren und harmonisieren. Konzentrieren Sie sich nacheinander auf jedes einzelne Chakra, wenn Sie in die verschiedenen Farben eintauchen.

Oft ist es sehr gut, wenn Sie im Anschluss daran in umgekehrter Reihenfolge durch den Regenbogen gehen und dabei die Chakras eines nach dem anderen sacht schließen; und zwar deshalb, weil Sie verletzlich und für Einflüsse von außen empfänglich werden, wenn Ihre Chakras stimuliert und offen bleiben. Auf diese Weise werden die Chakras ge- aber nicht verschlossen. Sie werden lediglich ein wenig gedämpft, damit sie harmonisch, ausgeglichen und entspannt bleiben. Sie können sich auch vorstellen, dass Sie in umgekehrter Richtung durch den Regenbogen gehen und dabei ein paar Lichter ausschalten, so dass die Farben nicht mehr ganz so hell oder intensiv sind. Vielleicht stellen Sie sich auch lieber vor, dass Sie Türen zuziehen oder Jalousien herunterlassen. Es ist ganz gleich, was Sie tun, solange Sie dabei nur das Gefühl haben, dass Sie jedes Chakra zur Ruhe bringen.

Manchmal kommt man auch in eine Situation, in der man seine Chakras ganz schnell schließen will. Das kann ein äußerst stressbelasteter oder negativer Moment sein. Visualisieren Sie in einer solchen Notlage nacheinander rasch die Farben des Regenbogens, beginnend mit Violett, und sagen Sie bei jeder Farbe „schließen". So können Sie Ihre Chakras innerhalb weniger Sekunden schließen. Denken Sie aber daran, sie danach baldmöglichst wieder zu öffnen, indem Sie entspannt durch den Regenbogen schlendern.

IHR HERZ-CHAKRA

Da Raphael der Erzengel der Heilung ist, wird er Ihnen gern helfen, alle Ihre Chakras auszugleichen. Das Chakra, mit dem er jedoch ganz besonders verbunden ist, ist das Herz-Chakra.

Wahrscheinlich haben Sie in besonders bewegenden Momenten schon einmal das Gefühl überwältigender Liebe in Ihrem Herzen verspürt. Es ist ein warmes, sich ausbreitendes Gefühl, das den ganzen oberen Brustraum mit Liebe erfüllt. In solchen Augenblicken öffnet sich Ihr Herz-Chakra weit. Ich bin mir sicher, Sie können sich an viele Momente erinnern, in denen dies geschehen ist. Ich weiß noch genau, dass es mir so ging, als ich meinen jüngeren Sohn im Alter von sieben Jahren bei einer Schultheater-Aufführung auf die Bühne kommen sah. Als ich meine Enkeltochter zum ersten Mal sah und sie gerade erst ein paar Minuten alt war – das war auch ein solcher Augenblick. Das fällt mir als Erstes ein, wenn ich an spontane Reaktionen meines Herz-Chakras denke.

Das Herz-Chakra ist äußerst empfänglich für die positiven wie die negativen Aspekte der Liebe. Leider schließen viele Menschen ihr Herz-Chakra, wenn sie in einer Beziehung verlassen oder sehr verletzt werden. Sie schwören sich dann, dass ihnen nie wieder jemand so etwas antun darf und sorgen auch dafür, dass das nicht geschieht, indem sie ihr Herz-Chakra verschließen. Dasselbe passiert, wenn jemand einen Schicksalsschlag erleidet, sich aber nicht die notwendige Zeit zum Trauern nimmt. Diese Menschen werden dann dumpf und leer im Innern.

Emotionale Probleme in Bezug zum Herz-Chakra treten bei Frauen häufiger auf als bei Männern. Das lässt sich durch die Chakras erklären. Die männlichen Sexualorgane sitzen auf Höhe des Wurzel-Chakras, und diese Energie lässt sich leicht auf das dritte, das Solarplexus-Chakra, übertragen, den Sitz der persönlichen Macht. Die weiblichen Sexualorgane sitzen auf Höhe des Sakral-Chakras, und diese Energie überträgt sich wie von selbst auf das Herz-Chakra, den Sitz der universellen Liebe.

Das Herz-Chakra ist eng mit dem Scheitel-Chakra verbunden. Das Scheitel-Chakra betrifft das universelle Bewusstsein und die göttliche Liebe, während das Herz-Chakra das Zentrum für Liebe, Mitgefühl, Zuneigung, Freude, Anteilnahme und andere höhere menschliche Emotionen ist. Wenn Sie an der Entwicklung der Eigenschaften Ihres Herz-Chakras arbeiten, entwickeln Sie zugleich die Eigenschaften des Scheitel-Chakras, nämlich göttliche Liebe und Erleuchtung.

Das ist gleich aus mehreren Gründen wohltuend. Bei den meisten Menschen sind die unteren drei Chakras einigermaßen vernünftig entwickelt. Sie gelten dem Überleben, dem Sexualtrieb und der Willenskraft. Auch die mentalen Chakras (Kehlkopf- und Stirn-Chakra) sind bei vielen Menschen aktiv, da heute sehr viel Wert auf die intellektuelle Entwicklung gelegt wird. Leider bedeutet dies, dass das Herz- und Scheitel-Chakra oft vernachlässigt werden. Ein gutes Beispiel dafür sind Menschen, die sehr gebildet, emotional aber unreif sind.

Vor einigen Jahren arbeitete ich mit einem Mann, der in seinem Beruf hochqualifiziert war, aber eine katastrophale Beziehung nach der anderen erlebte. Er kam zu mir, um sich helfen zu lassen, weil er bei einem Streit mit seiner Freundin gewalttätig geworden war und sich nun Sorgen machte, dass er, sollte so etwas noch einmal passieren, ernsthaft Schaden anrichten könnte. In seinem Fall war das Solarplexus-Chakra zu Lasten des Herz-Chakras überentwickelt.

Es ist ganz klar, dass alle, die wissen, dass ihr Herz-Chakra unterentwickelt ist, Raphael um Hilfe bitten sollten. Raphael möchte, dass Sie sich in jeder Hinsicht als heiler und ganzer Mensch fühlen. Bei blockiertem Herz-Chakra aber ist das unmöglich.

DAS HERZ-CHAKRA ERKUNDEN

Setzen Sie sich bequem hin und schließen Sie die Augen. Konzentrieren Sie sich einige Minuten auf Ihren Atem und gehen Sie dann mit der Aufmerksamkeit zu Ihrem Herzen. Spüren Sie Ihr Herz-Chakra und stellen Sie fest, wie weit es geöffnet ist. Das Herz-Chakra ist äußerst aktiv, und es kann sehr gut sein, dass es weit offen ist. In diesem Fall möchten Sie es vielleicht ein wenig verlangsamen. Konzentrieren Sie sich darauf, es langsamer werden zu lassen und hören Sie auf, sobald es eine Geschwindigkeit erreicht hat, die sich für Sie stimmig anfühlt. Es kann aber auch sein, dass Ihr Herz-Chakra geschlossen ist. In diesem Fall müssen Sie es sachte so weit öffnen, wie es Ihnen angenehm ist.

Begeben Sie sich nun ins Chakra hinein. Lassen Sie sich dazu ruhig viel Zeit. Wenn es Ihnen zu intensiv oder zu schwer erscheint, ziehen Sie sich wieder zurück und bitten Sie Raphael um Hilfe. Warten Sie, bis er kommt, und versuchen Sie es dann noch einmal. Wenn Sie im Chakra sind, denken Sie an die Liebe und wie Sie sie erlebt haben. Beobachten Sie, wie Ihr Herz-Chakra darauf reagiert. Wiederholen Sie das Wort „Liebe“ mehrmals und achten Sie auf die Empfindungen, die dieses Wort in Ihrem Herz-Chakra auslöst.

Beobachten Sie nun, wie sich Ihr Herz-Chakra mit grüner Energie füllt und spüren Sie dem Gefühl totaler, vollkommener, bedingungsloser Liebe nach. Lassen Sie zu, dass sich dieses Gefühl nach und nach bis in alle Körperregionen ausdehnt, und achten Sie auf alle Ideen oder Erkenntnisse, die Ihnen dabei kommen.

Jetzt ist es an der Zeit, das Herz-Chakra wieder zu verlassen. Konzentrieren Sie sich auf die grüne Farbe im Chakra und lassen Sie diese etwas blasser werden. Nach der Stimulation, die diese Übung bewirkt hat, schließen Sie damit Ihr Herz-Chakra zum Teil wieder. Wenn Raphael Ihnen bei dieser Übung geholfen hat, dann danken Sie ihm an dieser Stelle, da die Erkundung nun abgeschlossen ist.

Wenden Sie die Aufmerksamkeit nun Ihrem Wurzel-Chakra zu und stellen Sie sich vor, dass es durch eine unsichtbare Energieröhre mit dem Boden verbunden ist. Spüren Sie, wie Sie durch diese Röhre geerdet sind. Wenn Sie mit der Erde verbunden sind, öffnen Sie die Augen.

DAS HERZ-CHAKRA REAKTIVIEREN

Jesus sagte: „Ein neues Gebot gebe ich euch, dass ihr euch untereinander liebt, wie ich euch geliebt habe, damit auch ihr einander lieb habt." (Johannes 13, 34) Viele Menschen führen ein trauriges, einsames Leben ohne Liebe, weil ihr Herz-Chakra verschlossen ist. Zum Glück aber kann das Herz-Chakra reaktiviert werden, auch wenn es noch so lange verschlossen war. Allerdings muss der betroffene Mensch erkennen, dass er ein Problem hat und auch den aufrichtigen Wunsch verspüren, etwas daran zu ändern. Das geschieht in zehn Schritten.

Verschaffen Sie sich zu Beginn etwas sportliche Bewegung. Das ist nicht nur gut für Ihren physischen Körper, sondern energetisiert auch Ihre gesamte Aura. Was Sie tun, bleibt sich gleich, aber Sie sollten dabei ein wenig außer Puste geraten. So erhöht sich vorübergehend Ihr Herzschlag.

Sorgen Sie dafür, dass Sie etwa eine halbe Stunde lang ungestört bleiben. Legen Sie sich bequem hin. Atmen Sie mehrmals tief durch und entspannen Sie sich so gut wie möglich.

Gehen Sie durch den Regenbogen und konzentrieren Sie sich dabei in jeder Farbe auf das entsprechende Chakra.

Wenn Sie am anderen Ende des Regenbogens wieder herauskommen, visualisieren Sie sich in der schönsten und friedlichsten Umgebung, die Sie sich vorstellen können. Genießen Sie Anblick, Klänge und Duft dieses magischen Ortes, so lange Sie möchten.

Wenn Sie bereit sind, schauen Sie zum wunderschönen blauen Himmel und visualisieren Sie Raphael, wie er mit freundlichem, aber besorgtem Lächeln auf Sie herabschaut. Er weiß, warum Sie gerade diese Meditation machen und ist bereit und willens, Ihnen zu helfen. Während Sie so zu ihm aufschauen, sehen Sie, dass er einen kleinen grünen Ball bei sich hat. Er lässt ihn spielerisch von der einen in die andere Hand gleiten, während er zu Ihnen herabschaut. Sie blicken ihm zu, und plötzlich wirft er den Ball in die Luft, und dann kommt dieser wunderschöne smaragdgrüne Ball zu Ihnen herunter.

Langsam und sanft fliegt der Ball direkt auf Sie zu. Instinktiv wissen Sie, dass Sie ihn nicht zu fangen brauchen, und Sie beobachten nur, wie er dicht vor Ihrem Herzen schwebt und dann in Ihrem Körper verschwindet.

Sie können die Wärme des grünen Balls spüren, der Ihr Herz-Chakra sanft massiert und stimuliert. Sie spüren eine rasche Bewegung im Herzen, und ein überwältigendes Gefühl der Liebe und des Friedens kommt über Sie.

Bleiben Sie an diesem schönen, friedlichen Ort so lange liegen wie Sie möchten, und genießen Sie die angenehme Wirkung der grünen Energie, die Ihr Herz-Chakra transformiert und revitalisiert und dann Liebe durch Ihren ganzen Körper schickt. Nun schauen Sie auf zu Raphael und bemerken, dass er immer noch lächelt, aber jetzt ist alle Besorgnis aus seinem Blick verschwunden. Er lacht und winkt Ihnen zu. Sie lachen und winken zurück und beobachten, wie er allmählich entschwindet.

Danach stehen Sie auf, strecken und recken Sie sich und gehen zurück durch den Regenbogen. Schalten Sie beim Durchschreiten jeder Farbe ein oder zwei Lichter aus.

Kommen Sie nun mit Ihrer Aufmerksamkeit wieder zu sich und dem bequemen Ort, an dem Sie liegen, zurück. Denken Sie an das Erlebnis und spüren Sie die Veränderung in Ihrer Herzgegend. Öffnen Sie die Augen, räkeln Sie sich und stehen Sie auf. Gönnen Sie sich noch ein paar Minuten, um Ihre Gedanken zu sammeln und dem nachzuspüren, was geschehen ist, bevor Sie sich wieder Ihrem normalen Tagesablauf zuwenden.

Manche Menschen empfinden diese Meditation als ausgesprochen emotional. Lassen Sie Ihren Emotionen unbedingt freien Lauf. Vielleicht waren sie lange blockiert, und wenn Ihr Herz-Chakra wiederbelebt wird, kann das sein, als ob ein Damm bricht, der großen Schmerz und viele Gefühle zurückgehalten hat. Deshalb können Sie ruhig weinen, schreien oder auf ein Kissen einschlagen, bis Sie das Gefühl haben, dass alle angestauten Emotionen frei geworden sind. Gönnen Sie sich danach eine reinigende Dusche oder ein Bad, bevor Sie sich wieder Ihrer normalen Tätigkeit zuwenden.

STÄNDIG UNIVERSELLE LIEBE AUSDRÜCKEN

Der Zustand Ihres Herz-Chakras beeinflusst Ihre Einstellung zur Liebe in allen Aspekten. Bei ausgeglichenem Herz-Chakra können Sie bereitwillig Liebe geben und annehmen. Leute, die Sie neu kennenlernen, spüren unterbewusst, dass Sie ein mitfühlender, liebevoller, anteilnehmender Mensch sind, dem das Wohl aller am Herzen liegt. Ob Sie es selbst merken oder nicht, wenn Ihr Herz-Chakra ausgeglichen ist, strahlen Sie universelle Liebe aus. In diesem Zustand ziehen Sie wie von selbst andere Menschen an. Außerdem sind Sie auch selbst ausgeglichen, zuversichtlich, ruhig und selbstsicher. Sie lieben sich selbst, und Ihr Selbstwertgefühl ist in Ordnung. Sie lieben andere und Sie lieben das Leben. Kleinigkeiten können Sie nicht aus der Fassung bringen. Sie haben den Blick für das Wesentliche und können Belanglosigkeiten ignorieren oder als unwichtig erkennen, von denen andere sich aufhalten lassen. Ein weiterer angenehmer Nebeneffekt ist, dass ein ausgeglichenes Herz-Chakra Sie für andere attraktiver macht.

Stellen Sie sich einmal vor, wie die Welt aussähe, wenn jeder ein gesundes, ausgeglichenes Herz-Chakra besäße. Dann gäbe es endlich Frieden und Harmonie in der Welt. Der französische Jesuitenpater und Philosoph Teilhard de Chardin (1881-1955) mag daran gedacht haben, als er schrieb:

„Eines Tages, wenn wir die Winde, die Wellen, die Gezeiten und die Schwerkraft gemeistert haben, werden wir für Gott die Energien der Liebe nutzbar machen.

Dann wird zum zweiten Mal in der Weltgeschichte der Mensch das Feuer entdeckt haben.“[42]

Teilhard der Chardin war überzeugt, dass die Liebe die geheimnisvolle Kraft ist, die alle Elemente der Welt miteinander verbindet. Mit Raphaels Hilfe können Sie immer und jederzeit ein ausgeglichenes Herz-Chakra haben. Bitten Sie Raphael in einer Ihrer Meditationen mit ihm, dass er Ihnen dabei hilft, dieses Ziel zu erreichen, damit Sie die Welt ein klein wenig verändern können.

---

42 Teilhard de Chardin, *Hymne an das Universum* in *Der Mensch im Kosmos.*

Er wird Sie sehr gerne dabei unterstützen und Ihnen wahrscheinlich auch Ratschläge geben, wie Sie dies bewerkstelligen können. Führen Sie die Regenbogen-Meditation recht häufig durch und verweilen Sie jedes Mal ein wenig unter den grünen Strahlen, damit Ihr Körper so viel wohltuende, heilsame Energie wie nur möglich aufnehmen kann.

Als Kind besuchte ich eine kirchliche Schule. Mindestens einmal pro Trimester las uns der Rektor in der Kapelle die berühmten Worte des Paulus an die Korinther vor: „Wenn ich mit Menschen- und mit Engelzungen redete und hätte die Liebe nicht, so wäre ich ein tönendes Erz oder eine klingende Schelle." (1. Korinther 13, 1). Und er beendete die Lesung immer mit: „Nun aber bleiben Glaube, Hoffnung, Liebe, diese drei; aber die Liebe ist die größte unter ihnen." (1. Korinther 13, 13)

MIT DEM HERZ-CHAKRA LIEBE GEBEN UND ANNEHMEN

Das Folgende ist die moderne Version eines uralten Rituals des indischen buddhistischen Reformers, Schriftstellers und Lehrers Atisha (982-1054). Stellen Sie zwei Stühle mit gerader Rückenlehne im Abstand von etwa einem Meter so auf, dass sie einander zugewandt sind. Setzen Sie sich auf einen davon und schließen Sie die Augen. Lassen Sie die Arme locker seitlich neben dem Körper hängen.

Stellen Sie sich vor, Raphael säße auf dem anderen Stuhl, Ihnen gegenüber. Atmen Sie tief ein und nehmen Sie dabei Raphaels Energie in sich auf. Visualisieren Sie Raphaels Liebe, wie Sie in der Gegend Ihres Herz-Chakras zirkuliert. Halten Sie den Atem einen Augenblick lang an und atmen Sie dann wieder aus. Visualisieren Sie dieses Mal, dass nun Sie Raphael Liebe senden.

Tun Sie das einmal, und bleiben Sie dann mindestens eine Minute lang ruhig sitzen. Achten Sie darauf, was in Ihrem Körper vor sich geht und auch auf die Gedanken, die Ihnen kommen.

Wiederholen Sie die Übung, atmen Sie tief ein und nehmen Sie so viel von Raphaels Energie auf, wie Sie nur können. Halten Sie den Atem an und atmen Sie dann langsam wieder aus, wobei Sie Ihre Liebe Raphael senden.

Bleiben Sie nun wiederum mindestens eine Minute lang ruhig sitzen und beobachten Sie, was in Ihrem Körper und Geist vor sich geht. Wenn Sie möchten, können Sie das Ritual an dieser Stelle beenden. Es gibt jedoch noch zwei weitere Schritte, die Ihnen im Alltag helfen können. Alle drei Schritte können auch einzeln ausgeführt werden, aber ich praktiziere sie meist zusammen.

Stellen Sie sich nun vor, dass Raphael aufgestanden ist und rechts von Ihnen steht. Visualisieren Sie, dass jemand, der Ihnen viel bedeutet, seinen Platz einnimmt. Das kann Ihr Partner oder Ihre Partnerin sein, eine Verwandte, ein Freund, eine Arbeitskollegin, ja sogar jemand, den Sie nicht ausstehen können.

Malen Sie sich diesen Menschen so deutlich wie möglich aus. Atmen Sie tief ein und nehmen Sie dabei die Energien dieses Menschen in sich auf. Lassen Sie sie in Ihrer Herzgegend kreisen. Halten Sie den Atem ein paar Sekunden lang an und senden Sie beim Ausatmen diesem Menschen Liebe.

Bleiben Sie mindestens eine Minute lang still sitzen und achten Sie auf Ihre Gedanken und darauf, was sich in ihrem Körper abspielt. Wiederholen Sie die Übung und beobachten Sie wieder, was mit Ihnen geschieht. (Diese Übung ist ausgesprochen hilfreich, um einem Menschen, der für Sie eine Rolle spielt, innerlich näherzukommen. Experimentieren Sie mit Menschen, die Sie lieben, aber auch mit denjenigen, die Sie nicht mögen, und spüren Sie die verschiedenen Energien in Ihrem Herz-Chakra.)

Im dritten und letzten Schritt senden Sie universelle Liebe in die Welt. Stellen Sie sich vor, dass der Stuhl gegenüber dem Ihren verschwunden ist und Sie auf einem Berggipfel stehen und die ganze Welt überschauen können. Nehmen Sie wahr, wie schön sie ist. Noch immer steht Raphael neben Ihnen und legt vielleicht eine Hand auf Ihre Schulter. Atmen Sie tief ein und nehmen Sie dabei die Energie der Erde in sich auf. Halten Sie den Atem an und senden Sie dann universelle Liebe als Gegengabe zurück. Warten Sie eine Minute lang und wiederholen Sie dann das Ganze. (Wenn Sie möchten, können Sie diesen Schritt noch einmal ausführen und dabei allen Lebewesen Liebe senden.)

Wenn Sie fertig sind, danken Sie Raphael für seine Liebe und Unterstützung, öffnen Sie die Augen und strecken Sie sich oder gehen Sie ein paar Minuten umher, bevor Sie etwas anderes tun.

MIT DEM HERZ-CHAKRA BETEN

In der Bergpredigt mahnt Jesus die Menschen: „Trachtet zuerst nach dem Reich Gottes …, so wird euch das alles zufallen." (Matthäus 6, 33) Eine logische Frage wäre nun: Wo ist das Reich Gottes? Wenn Sie einen Augenblick innehalten und über diese Frage nachdenken, werden Sie wahrscheinlich zu dem Schluss kommen, dass es in Ihrem Herzen liegt. Das Herz gilt in vielen Gesellschaften als die Heimstatt Gottes. Eide schwört man, indem man die Hand auf das Herz legt, weil es Wahrheit, Aufrichtigkeit und Liebe bedeutet. In China nennt man das Herz „den Herrn und Meister des Hauses".[43]

Ihre Gebete werden wirkungsvoller, wenn Sie sie aus dem Herz-Chakra kommen lassen. Senden Sie, bevor Sie mit dem Beten beginnen, ein paar Minuten lang grüne Energie in Ihr Herz-Chakra und visualisieren Sie, wie es dadurch wächst und sich weitet. Sprechen Sie danach Ihre Gebete, aber stellen Sie sich dabei vor, dass sie von

43 Daya Sarai Chocron, Heilendes Herz, Grafing 1988

Ihrem Herz-Chakra aus an die universelle Lebenskraft gesandt werden. Wahrscheinlich kommt Ihnen das zunächst seltsam vor oder es ist Ihnen womöglich sogar unangenehm. Sobald Sie sich aber erst einmal daran gewöhnt haben, werden Sie merken, dass es eine ganz natürliche und höchst effektive Art des Betens ist.

Mit Ihrem Herz-Chakra können Sie auch Ihre Kreativität fördern. Wie Sie das machen, erfahren Sie im nächsten Kapitel.

10

RAPHAEL UND KREATIVITÄT

Kreativität ist die Fähigkeit, etwas Neues zu schaffen. Immer, wenn Sie die Lösung zu einem Problem gefunden haben oder etwas zustande bringen, nutzen Sie Ihre natürliche Kreativität. Wenn Sie singen oder ein Musikinstrument spielen, dann erschaffen Sie Musik. Wenn Sie jemandem von einem Film erzählen, den Sie gesehen haben, dann erzeugen Sie Bilder im Geist Ihres Gegenübers. Sie erschaffen etwas, wenn Sie im Garten arbeiten, ein Foto machen oder eine Mahlzeit zubereiten. Immer, wenn Sie einen Gedanken fassen, sind Sie kreativ. Sie erschaffen Tag für Tag Ihr Leben selbst. Ihre Schöpferkraft ist unbegrenzt.

Obgleich Kreativität eine natürliche Fähigkeit ist, über die wir alle verfügen, sagen mir viele, sie seien nicht kreativ. Aber dem ist beileibe nicht so, denn jeder Mensch hat zwischen 50.000 und 60.000 Gedanken täglich. Was wiederum bedeutet, dass jede und jeder äußerst kreativ ist. Alle Menschen besitzen Phantasie und können, wenn sie sie kreativ einsetzen, damit in ihrem Geist alles erschaffen, was sie möchten. So ein Bild vor dem inneren Auge ist der erste Schritt einer Schöpfung. Nichts würde je geschehen, wenn es nicht zuvor jemand erdächte. Alles, was Menschen geschaffen haben, ist das Ergebnis von jemandes Kreativität, und meist war es die Lösung eines Problems oder einer Schwierigkeit. Erfinder sind äußerst kreative Menschen, die über Probleme nachdenken und Lösungen entwickeln.

Selbstverständlich sind manche Menschen von Natur aus kreativer als andere, und selbst höchst kreative Menschen sind untereinander ganz verschieden. Ich habe zwei Freundinnen, die beide schreiben. Die eine ist Journalistin und berichtet über Tatsachen, die andere schreibt Liebesromane. Das bedeutet, dass sie ihre Phantasie einsetzen, um Personen und Handlungen zu erfinden. Beide verdienen ihren Lebensunterhalt mit den Worten, die sie hervorbringen. Sind diese beiden Menschen gleich kreativ oder ist die Romanautorin kreativer, weil sie ihren Stoff selbst erfindet? Diese Frage lässt sich unmöglich beantworten. Ich finde, sie sind beide gleich kreativ, aber nutzen ihre Kreativität auf unterschiedliche Weise.

Die Intelligenz scheint wenig Einfluss darauf zu haben, wie kreativ ein Mensch sein kann. Ein Mensch mit hohem IQ, aber wenig Phantasie kann auf seinem Gebiet bestechend analytisch und brillant sein, wird aber wohl kaum besondere Kreativität aufweisen. Umgekehrt kann jemand mit geringerem IQ, aber einer gesunden Neugier, die alles hinterfragt, sehr wohl höchst kreativ sein. Sehr kreative Menschen sind oft unkonventionell und sehen deshalb das Leben aus einem etwas anderen Blickwinkel, was wiederum der Kreativität zugute kommt.

Aber Kreativität lässt sich entwickeln. Wenn wir denn schon bis zu 60.000 Gedanken am Tag denken, dann werden wir dabei doch wohl auch ein paar kreative Ideen entwickeln können.

Sinn und Zweck unseres Lebens bestehen doch darin, etwas zu erschaffen. Wenn Sie erst einmal wissen, wozu Sie hier sind, wird Ihre angeborene Kreativität dies ganz von selber zum Ausdruck bringen. Ein Bildhauer muss einfach Skulpturen schaffen. Es ist sein Lebenszweck. Wenn er plötzlich eine Million Euro gewänne, würde er nicht aufhören mit der Bildhauerei, sondern weiterhin schöpferisch tätig sein. Ein Freund von mir wurde mit seinem Schreiben Multi-Millionär. Er schreibt Thriller, die auf der ganzen Welt gelesen werden; und obwohl er das Schreiben schon immer als schwierigen Kampf empfunden hat, schreibt er doch weiterhin seine Bücher, denn dazu ist er auf der Welt. Er könnte sich morgen zur Ruhe setzen, aber das würde ihm keine Freude bereiten, denn damit wäre sein ganzer Lebenssinn und -zweck dahin.

Natürlich wird alles wesentlich leichter, wenn Sie wissen, wozu Sie hier sind. Wenn Sie gefunden haben, was Sie gern tun, dann können Sie dem mit Leidenschaft nachgehen. Wenn Sie es noch nicht gefunden haben, bitten Sie Raphael, dass er Ihnen hilft, es zu finden.

Lassen Sie sich Zeit damit. Es kann sein, dass Sie einen plötzlichen Inspirationsschub erhalten, der Ihnen den Zweck Ihres Lebens enthüllt, wahrscheinlicher aber ist, dass sich allmählich ein Gefühl dafür einstellt, dass es eine bestimmte Tätigkeit gibt, um deretwillen Sie hier sind. Sehen Sie sich zu Beginn all die Dinge näher an, die Sie gerne tun. Denken Sie an Ihre Begabungen. Hängen Sie in Tagträumen allem nach, was Sie gerne tun würden, wenn Zeit und Geld keine Rolle spielten. Sagen Sie Raphael, dass Sie herausfinden möchten, wozu Sie hier sind, weil Sie in der Welt etwas bewirken und das Beste aus Ihrem Leben machen möchten. Haben Sie Geduld und spüren Sie allen Ideen, die Ihnen kommen, sorgfältig nach.

Raphael hat ein großes Interesse an Kreativität und hilft Ihnen nur zu gerne, Ihre kreative Seite weiterzuentwickeln. Wenn Sie ein Problem haben und Ihnen partout keine Lösung einfallen will, dann bitten Sie Raphael um Rat. In seiner Antwort werden Sie Hinweise finden, wie Sie in dieser Sache am besten vorgehen.

Kreativität gehört zu den größten Freuden des Lebens. Das Wichtige daran ist der Vorgang des Erschaffens. Deshalb müssen Sie sich keinerlei Gedanken darüber zu machen, ob das, was Sie erschaffen, auch gut genug ist. Es braucht nicht perfekt zu sein. Ein werdender Künstler, der das Malen noch lernt, findet vielleicht mehr Freude an seiner Kreativität als ein professioneller Maler. Kreativität sollte große Freude und tiefe Befriedigung schenken.

ÜBUNGEN ZUR KREATIVITÄT

Es gibt viele Übungen zur Förderung der Kreativität. Nach einer Methode, die ich als sehr hilfreich empfinde, sucht man willkürlich drei Substantive in einem Wörterbuch. Ich schlage dazu das Wörterbuch an einer beliebigen Stelle auf und nehme das erste Substantiv, das mir ins Auge fällt. Das mache ich dann noch zwei weitere Male, und schon habe ich alle drei Substantive. Dann schreibe ich ein oder zwei Absätze, in denen alle drei Substantive vorkommen. Manchmal mache ich es mir noch ein bisschen schwerer und gebe mir vor, dass jeder Abschnitt mit einem der Substantive, die ich ausgesucht habe, beginnen muss.

Sie können sich für diese Übung auch drei Wörter suchen, die sich auf eine bestimmte Situation beziehen. So kann sie eine effektive Methode zur Lösung eines Problems sein. Wenn Sie zum Beispiel am Arbeitsplatz Schwierigkeiten mit Ihrem Chef haben, könnten Sie folgende Wörter wählen: Chef, Meinungsverschiedenheiten, Stress. Wenn Sie zu diesen Wörtern ein oder zwei Absätze Text schreiben, finden Sie vielleicht eine kreative Lösung für das Problem.

Einer meiner schreibenden Freunde litt unter einer Schreibblockade. Ich schlug ihm vor, diese Übung mit Wörtern zu machen, die einen Bezug zu dem Roman hatten, an dem er gerade arbeitete. Er schrieb einen Abschnitt und entdeckte zu seiner Überraschung, dass er an der Geschichte weiterschreiben konnte. Diese Übung gab seiner schlummernden Kreativität neuen Schub und beseitigte seine Schreibblockade restlos.

MANDALAS

Mandalas sind eine Meditationshilfe aus dem Osten. Da sie in dem Augenblick, in dem Sie sie zu Papier bringen, Ihre Welt darstellen, werden sie zuweilen auch als therapeutisches Mittel eingesetzt. Sie benötigen dazu lediglich Papier und Buntstifte.

Zeichnen Sie zu Beginn eine Form, die Ihnen gefällt. Die meisten Mandalas sind rund, aber Sie können jede beliebige Form verwenden, die Sie anspricht. C. G. Jung beschäftigte sich viele Jahre lang mit Mandalas, und für ihn symbolisierte der Kreis den Kosmos als Ganzes, ein Quadrat hingegen den Kosmos so, wie ihn der Mensch wahrnimmt. Zudem glaubte er, Mandalas stellten das Göttliche im Menschen dar.[44]

Nehmen Sie nun einen Buntstift in die Hand und zeichnen Sie etwas in die Form hinein oder malen Sie einen Teil davon aus. Wechseln Sie die Farbe so oft Sie wollen, und malen Sie so lange, bis Sie das Gefühl haben, fertig zu sein.

Sie konstruieren ein Bild, also ist das eindeutig eine kreative Übung. Wenn Sie Ihr Mandala aber später betrachten, werden Sie wahrscheinlich auch die eine oder andere Erkenntnis über Ihr Leben gewinnen. Es kann sehr hilfreich sein, über einen Zeitraum von ein paar Wochen oder Monaten täglich ein Mandala zu malen und sie sich danach alle noch einmal anzusehen. Sie zeigen deutlich, was bei Ihnen in dieser Zeit innerlich und äußerlich los war.

Sie können diese Übung noch vertiefen, wenn Sie Raphael zu sich einladen und dann in seiner Anwesenheit ein Mandala zeichnen. Vergleichen Sie dieses Mandala mit dem, das Sie alleine geschaffen haben und achten Sie darauf, wie sich Raphaels Gegenwart ausgewirkt hat.

---

44 Aniela Jaffe, *Erinnerungen, Träume, Gedanken von C. G. Jung*, verschiedene Ausgaben, z.B. Walter Verlag 2005

Sie können auch ein Mandala konstruieren und dabei an etwas denken, was Sie gerade beschäftigt. Wenn Sie zum Beispiel gerade Ihre Lebensaufgabe suchen, dann denken Sie beim Mandala-Malen daran. Ihr Unbewusstes kann Ihnen so hilfreiche Informationen geben, die Sie wahrscheinlich erst entdecken, wenn Sie das Mandala später noch einmal genau betrachten.

Ein Bekannter von mir tat dies in einer Beziehungskrise. Die Wut, die er in seinen Mandalas entdeckte, erschreckte ihn, aber beim genauen Betrachten entdeckte er auch alles, was er wissen musste, um die Situation zu klären.

DAS UNBEKANNTE ERKUNDEN

Eine höchst wirksame Methode, die eigene Kreativität zu entwickeln, ist, absichtlich etwas zu tun, was einem sonst nie in den Sinn gekommen wäre. Einer meiner Kursteilnehmer ist heute Spitzenkoch. Er entdeckte diese Begabung erst, als ich allen im Kurs aufgab, etwas ganz Neues zu versuchen. Eine andere Teilnehmerin aus demselben Kurs entdeckte das Quilten für sich. Beide hätten ihre Begabungen nicht im Entferntesten erahnt, wenn sie nicht einmal etwas völlig Neues ausprobiert hätten.

Viele Jahre lang hielt ich Bienen. Es war ein zeitintensives Hobby, das mir viel Freude und Befriedigung schenkte. Ich hatte mir diese Beschäftigung absichtlich deshalb ausgesucht, weil sie etwas ganz anderes war als alles, was ich bisher ausprobiert hatte. Papierschöpfen ist auch so ein Hobby, das ich aufgrund dieser Übung einige Zeit betrieb.

Es ist vollkommen gleich, was Sie tun. In vieler Hinsicht gilt: Je ungewöhnlicher desto besser. Sie lernen sehr viel über ein vollkommen neues, fremdes Gebiet. Sie entdecken, dass Sie auf allen möglichen Feldern Begabungen haben. Sie lernen neue Freunde kennen; und Sie erweitern Ihre natürliche Kreativität.

Sie können Raphael in diese Übung mit einbeziehen. Kommunizieren Sie mit ihm und bitten Sie ihn, Ihnen beim Ideensammeln zu helfen, was Sie Neues tun könnten. Sagen Sie ihm, dass Sie etwas suchen, wodurch Sie mehr Kreativität entwickeln können. Bewerten Sie die Ideen in dem Moment, in dem sie Ihnen einfallen, nicht. Dazu haben Sie später noch genug Zeit.

Schreiben Sie nach der Sitzung alle Vorschläge auf und denken Sie dann über jeden einzelnen nach. Etwas, was Sie im ersten Moment abgelehnt haben, kann Sie später vielleicht faszinieren. Suchen Sie sich vier oder fünf Dinge aus und rufen Sie dann Raphael wieder. Bitten Sie ihn, dass er Ihnen hilft, das zu wählen, was für den Anfang das Richtige ist. Suchen Sie sich etwas Herausforderndes, Anregendes und möglichst auch etwas, wovor Sie ein wenig Bammel haben. Wenn Sie sich für etwas entschieden haben, informieren Sie sich so eingehend wie möglich darüber und legen Sie dann los.

Natürlich wird Ihr Interesse an den Dingen, die Sie aufgrund dieser Übung beginnen, häufig nicht lange anhalten. Das ist auch nicht wichtig. Wichtig ist, dass Sie Ihre Bequemlichkeit überwunden und etwas Neues gewagt haben.

CHAKRA-KREATIVITÄTS-ÜBUNG

Bei dieser praktischen Übung werden die Chakras ins Entwickeln und Testen kreativer Ideen miteinbezogen. Sie können damit eine bereits vorhandene Idee beurteilen oder neue Ideen entwickeln.

Setzen oder legen Sie sich bequem hin und entspannen Sie sich auf ihre übliche Weise. Bitten Sie Raphael, zu Ihnen zu kommen. Sagen Sie ihm, sobald er da ist, was Sie vorhaben und was Sie sich davon erhoffen. Gehen Sie mit Raphael durch den Regenbogen und laden Sie alle Chakras mit der Energie seiner Farben auf.

Wenn Sie aus dem violetten Strahl herauskommen, stellen Sie sich die schönste Landschaft vor, die Sie sich nur denken können. Gehen

Sie mit Raphael darin umher und suchen Sie einen geeigneten Platz für das Entwickeln neuer Ideen.

Wenn Sie es sich bequem gemacht haben, erzählen Sie Raphael von Ihrer Idee, sofern Sie schon eine haben. Wenn Sie noch eine Inspiration suchen, dann sagen Sie ihm, was Sie sich wünschen. Sprechen Sie darüber so lange Sie möchten. Haben Sie keine Scheu, ihm von ihren Ideen zu erzählen, und hören Sie aufmerksam auf seine Vorschläge.

Wenn Sie sich für eine bestimmte Idee entschieden und eine klare Vorstellung davon haben, fragen Sie Ihr Herz-Chakra, was es dazu meint. Vielleicht verspüren Sie ein positives, sich ausweitendes Leuchten in der Brust, womit Ihr Herz-Chakra Ihnen sagt, dass ihm die Idee gefällt. Ein beengendes, zusammenziehendes Gefühl besagt, dass Ihrem Herz-Chakra die Idee nicht gefällt. Wenn Sie nichts spüren, ist das ein Hinweis auf eine neutrale Reaktion Ihres Herz-Chakras.

Hat ihr Herz-Chakra positiv reagiert, fragen Sie Ihr Sakral-Chakra, was es von der Idee hält. Das zweite Chakra hat mit Kreativität zu tun und reagiert auf ähnliche Weise wie das Herz-Chakra.

Hat auch ihr Sakral-Chakra positiv reagiert, fragen Sie Ihr Kehlkopf-Chakra. In diesem Chakra geht es um Selbstdarstellung und Kommunikation. Wenn Ihre Idee Gestalt annehmen soll, dann benötigen Sie die Unterstützung dieses Chakras.

Besprechen Sie danach die Idee wieder mit Raphael. Sagen Sie ihm, wie jedes Chakra die Idee beurteilt hat. Achten Sie darauf, ob er Vorbehalte oder Vorschläge hat. Ändert sich aufgrund dieses Gesprächs etwas an Ihrer ursprünglichen Idee, dann bitten Sie die Chakras wieder um ihr Urteil.

Wenn die Idee Ihre volle Zustimmung gefunden hat, schlendern Sie mit Raphael wieder zurück durch den Regenbogen. Danken Sie ihm für seine Hilfe. Werden Sie sich wieder bewusst, wo Sie sitzen oder liegen. Wenn Sie bereit sind, öffnen Sie die Augen, räkeln Sie sich und gehen Sie daran, die Idee umzusetzen.

DAS LEBEN SELBST GESTALTEN

Sie sind ein vollkommenes Menschenwesen. Natürlich gibt es wahrscheinlich ein paar Aspekte, die Sie an sich gerne ändern würden, aber tief im Innern sind Sie heil und vollkommen. Natürlich werden Sie auf Ihrem Lebensweg hin und wieder auf Probleme und Schwierigkeiten stoßen. Wir alle müssen Erfahrungen machen, durch die wir die Lektionen lernen können, die für uns in diesem Leben anstehen.

Manches davon ist karmisch bedingt. Karma ist das Gesetz von Ursache und Wirkung. Etwas Gutes, was Sie heute tun, führt zu einem angenehmen Erlebnis in der Zukunft. Das ist gutes Karma. Aber auch was wir in böser Absicht getan haben, muss in der Zukunft ausgeglichen werden. Das ist negatives Karma. Raphael kann solche karmischen Schulden nicht aufheben, denn dies sind Lektionen, die um des Fortschritts der Seele willen gelernt werden müssen. Aber Raphael ist stets bereit, uns beim Umgang mit unserem Karma zu helfen und uns Heilung und das Gefühl der Gemeinsamkeit zu schenken.

Viele Probleme im Zusammenhang mit Ganzheit und Gemeinsamkeit mit allem rühren von fehlender Selbst-Akzeptanz her. Das Leben ist schöner, wenn wir uns so annehmen, wie wir sind. Wie alle anderen Menschen auch, sind Sie eine komplexe Mischung aus positiven und negativen Charakterzügen, und die führen vielleicht dazu, dass Sie sich schlecht oder wertlos fühlen.

Haben Sie je lange einen bestimmten Groll gehegt oder waren Sie gelegentlich nachtragend? Ich schon! So schwer es sein mag, aber es ist wesentlich gesünder, solchen Groll einfach loszulassen.

Die östliche Methode, „im Fluss zu bleiben“, zu akzeptieren, was geschehen ist und das Unvermeidliche nicht länger zu bekämpfen, schafft dieses Gefühl von Eins- und Heilsein. Das bedeutet keinen Freibrief für andere, mit Ihnen zu tun und zu lassen, was sie wollen, und es bedeutet auch nicht, dass Sie widerstandslos alles akzeptieren sollten, was Ihnen begegnet. Es bedeutet vielmehr, Flexibilität statt Halsstarrigkeit zu üben. Wenn Sie dies tun, wird Ihr Leben in jeder Hinsicht reibungsloser, leichter und schöner verlaufen.

Die meisten Probleme im Leben stammen von unserem Ego. Wenn wir erst einmal dieses „Ich“ in uns loslassen und im Fluss der ewigen Rhythmen des Lebens bleiben können, dann können wie es uns dienstbar machen und mit ihm arbeiten und uns so ein wertvolles und sinnvolles Leben gestalten.

Raphael ist bereit, Ihnen dabei zu helfen, das Beste aus Ihrem Leben zu machen. Bitten Sie ihn in Ihren regelmäßigen Sitzungen immer dann um Rat, wenn Sie ihn benötigen.

11

SCHLUSS

Wie Sie nun wissen, hat der Erzengel Raphael viele Aufgaben und ist bereit, Ihnen auf vielerlei Weise zu helfen. Er möchte, dass Sie genau das Leben führen, das Sie sich immer erträumt haben. Mit seiner Hilfe sind dem, was Sie erreichen können, keine Grenzen gesetzt. Sobald Sie einmal angefangen haben, mit ihm zu arbeiten, werden Sie merken, dass Ihr Schicksal eher aus der Zukunft als aus der Vergangenheit kommt. Was Sie einmal waren, ist nicht wichtig, wenn Sie nur aus den Fehlern der Vergangenheit gelernt haben. Wichtig ist, wie Sie heute leben und was Sie in Zukunft werden. Raphael ist gerne Ihr Führer und Mentor und hilft Ihnen bei jedem Schritt auf Ihrem Lebensweg.

Ich habe die Wirkung von Raphaels Hilfe bei vielen Menschen gesehen und weiß deshalb, dass er dasselbe auch für Sie tun kann. Sie brauchen ihn nur zu bitten. Helfen Sie ihm als Gegengabe nach Kräften beim Schutz der Umwelt.

Lesen Sie so viel wie möglich über die Engel. Bitten Sie die Engel, Ihnen dabei zu helfen, dass Sie an Wissen und Verständnis wachsen. Schließen Sie Bekanntschaft mit Ihrem Schutzengel. Es gibt viele Bücher, die Ihnen dabei helfen können.[45] Kommunizieren Sie so oft Sie können mit Ihrem Schutzengel und den Erzengeln. Das wird Ihrer Spiritualität sehr gut tun, und Begegnungen mit Engeln wirken sich auf alle Lebensbereiche positiv aus.

---

45 Richard Webster, *Engel helfen. Unsichtbare Freunde auf dem Lebensweg.* Silberschnur 2004.

Ich hoffe, dieses Buch hat Ihnen viel Stoff zum Nachdenken und Experimentieren gegeben. Alles Übrige liegt jetzt bei Ihnen. Ich wünsche Ihnen viel Erfolg.

LITERATUREMPFEHLUNGEN

Fox, Matthew und Sheldrake, Rupert, *Engel, die kosmische Intelligenz,* Kösel 2005.

Giovetti, Paola, *Engel - Die unsichtbaren Helfer der Menschen*, Hugendubel 2002

Pseudo-Dionysios Areopagita, *Die Hierarchien der Engel und der Kirche*, O. W. Barth 1955

Schneider, Petra und Pieroth, Gerhard, *Engel begleiten uns. Erzengel und Erdengel sind an unserer Seite*, Windpferd 2001

Swedenborg, Emanuel, *Himmel und Hölle*, Marix Verlag 2005

Webster, Richard, *Engel helfen*, Silberschnur 2004

Engel im Aquamarin Verlag:

Armstrong Fraser, Gwennie, *Im Licht der Engel*, Aquamarin 1997

Augsburg, Gabriele P., *Engel-Visionen*, Aquamarin 2001

Baertz, Liselotte, *Die Engel von Geburt und Tod*, Aquamarin 2000

Booth, Mike, *Archangeloi*, Aquamarin 2005

Fox, Sabrina, *Der klitzekleine Engel*, Aquamarin 2001

Gertsch, Elisabeth, *Die Engel an unserer Seite*, Aquamarin 1999

Hodson, Geoffrey, *Engel und die Entwicklung des Lebens*, Aquamarin 2004

Maclean, Dorothy, *Du kannst mit Engeln sprechen*, Aquamarin 2005

dies., *Die Engel der Länder und Völker*, Aquamarin 2005

Michel, Peter, *Der Sternenengel*, Aquamarin 1998

Newhouse, Flower A., *Die Engel der Natur*, Aquamarin 1996
dies., *Engel und Devas*, Aquamarin 2002
Newhouse, Flower A.; Isaac, Stephen, *Im Reich der Erzengel*, Aquamarin 2005
Salzmann, Marlies, *Die kleinen Engel, 45 Karten*, Aquamarin 1999
dies., *Die kleinen Engel leben bewusst*, Aquamarin 2005
Smith, Robert C., *Schutzengel und Heilengel*, Aquamarin 2004
Stolp, Hans, *Mit Engeln leben*, Aquamarin 2003
Tayler, Terry Lynn, *Die Engel waren zur Stelle. Wunderbare Berichte vom hilfreichen Wirken höherer Wesen*, Aquamarin 1995
Webster, Richard, *Die großen Erzengel. Michael*, Aquamarin 2005
Die großen Erzengel. Gabriel, Aquamarin 2005
White Eagle, *Naturgeister und Engel*, Aquamarin 2000
Wülfing, Sulamith, *Engel*, Aquamarin 1995
Das Engel-Orakel, 40 Karten, Aquamarin 1996
Engelwesen, Aquamarin, 2000
Engelwesen und Naturgeister, Aquamarin 2002
Himmelslicht. Weisheitsworte der Engel. Mit Engelkarten, Aquamarin 2005

Richard Webster

Die großen Erzengel: Michael
Das Wirken der Erzengel im Himmel und auf Erden

Paperback, 160 Seiten,
ISBN 978-3-89427-547-1

Die großen Erzengel: Gabriel
Das Wirken der Erzengel im Himmel und auf Erden

Paperback, 168 Seiten,
ISBN 978-3-89427-548-8

Die großen Erzengel: Uriel
Das Wirken der Erzengel im Himmel und auf Erden

Paperback, 168 Seiten,
ISBN 978-3-89427-349-1

Die erste umfassende Dokumentation über das Wirken der großen Erzengel in Geschichte und Gegenwart!
In vier Einzelbänden beschreibt Richard Webster in beeindruckender Weise das wundervolle Wirken der majestätischen Engelwesen, die als Botschafter Gottes zwischen den Menschen und den himmlischen Welten vermitteln.
Neben den Schilderungen ihres segensreichen und beschützenden Eingreifens enthält jeder Band auch Übungen, um das Bewusstsein des Menschen zu öffnen und einzustimmen auf die lichtvollen Erzengel. So kann der Einzelne schrittweise zu einem erwachten Mitarbeiter im großen göttlichen Lebensplan heranreifen.
Ein Meisterwerk, das wahrhaft Türen in die strahlenden Lichtreiche der großen Erzengel öffnet!